우리시대
이향아의 시 읽기
해설과 심층분석

| 이향아 |

우리시대
이향아의 시 읽기
해설과 심층분석

| 이향아 |

수필과비평사

목 차

8 　김행숙 – 시인은 지금 광합성 중

24 　박상연 – 우수의 저녁, 아름다운 묵상

42 　송미란 – '아득한 사랑'에게 보내는 편지

63 　윤수자 – 이미 봄은 와 있다

84 　윤준경 – 시 같은 연애와 연애 같은 시

101 　이은영 – 꽃을 위한 판타지

123 　장상희 – 연두처럼 지고 초록으로 피어나다

145 　장하지 – 절대의 희망

165 　허갑순 – 시인과 나무

서문

시를 읽는다

    시를 읽는다. 시인의 고독을 읽는다, 시인의 사랑을 읽는다, 시인의 아픔을 읽는다. 그의 삶을 읽는다.

    시를 읽는다. 시인이 드리우는 어슴푸레한 고요, 고요 속에 떠오르는 내 모습을 본다.

    시를 읽는다. 누가 이토록 아름다운 목소리로 흐느끼는가? 누가 내 가슴에 물안개를 일으키는가?

   창밖의 나무들은 아까보다 숙성해 있고 하늘의 높이는 마냥 아득하다.
   시인이여, 그대 어쩌다가 시인이 되었는가?
   시인이여, 그대가 있어서 고마운 세상. 그대가 있어서 슬픈 세상,
   시를 읽는다,
   그래도 시를 읽는다.

2018년 가을
이향아

김행숙의 시

김 행 숙 ————————

1995년 『시문학』으로 등단하였다.
시집 『유리창 나비』, 『햇살 한 줌』, 『여기는 타관』, 『볼륨을 높일까요』, 『멀고 먼 숲』 등 5권이 있으며, 영역시집 『As a lamp is lit』
시선집 『우리들의 봄날』, 수필집 『바다로 가는 길』
한국기독교문학상, 이화문학상, 아름다운문학상 수상
현재, 한국기독교문학회 부회장, 문학카페 〈연지당 사람들〉 상임회원, 〈연지당시낭송회〉 회장
E-mail:poetworld@hanmail.net

시인은 지금 광합성 중

1. 시와 까치집

　우리가 생각하는 시인의 초상은 대부분 행복하지 않은 표정을 짓고 있다. 시인은 쓸쓸한 모습으로 외로움에 잠겨 있어야 한다고 생각하는 것이 보통사람들의 상식이다. 부유하지 않아야 함은 물론 다소 곤핍해야 시인답다는 생각, 생활을 모르거나 안다고 자처하더라도 서투른 것이 시인답다고 여기는 생각, 시인은 견딜 수 있는 한 불행해야 하며 그것은 시인의 세상을 향한 열정 혹은 냉소 때문이라는 생각.
　시인에 대한 우리들의 보편적인 관념들은 매우 오랫동안 고정되어 있으며, 앞으로도 쉬 바뀌지는 않을 것 같다. 그런데 김행숙 시인은 궁색을 토로하지도 대변하지도 않으며 외로움 때문에 청승을 떨지도 않는다. 그의 시들은 대체로 온건한 기류 속에서 광명을 지향하고 있다. 김행숙의 정서가 그만큼 안정되어 있고 그만큼 건강하다는 증거일 것이다.
　김행숙의 시는 어떤 경우에도 독자를 난만한 감정의 소용돌이로 유도하지 않는다. 시인 스스로가 절제하고 조율하고 다스려서 그럴 만한 가능성을 초입에서부터 배제하고 있기 때문이다.

플라톤이 시인을 광기와 연결시킨 것은 시인에게 범람하기 쉬운 감정과, 현실을 몰각하는 몽환성 때문이었다. 김행숙 시인은 감정의 균형을 조율하는 이성적 힘이 놀랍도록 건실하고 투명하다. 우리 주변에 흔하게 널브러져 있어서 특별할 것 없는 일상사를 시인은 경이로운 눈으로 발견한다. 그리고 그 감격을 보통의 언어로 잔잔하게 표현한다.

김행숙은 실상보다 과장하고 부풀리려고 하지 않으며 그렇다고 아무것도 아닌 듯이 우습게 여겨 무시하지도 않는다. 우리들이 생활의 도처에서 어렵지 않게 만나는 체험들, 그러나 무심하게 간과했던 일들. 그것을 포착하여 신선한 목소리로 전하는 김행숙의 시들은 읽는 사람을 편안하게 한다.

> 굴참나무 우듬지 가까이
> 시인의 집이 생겼다
> 보름 전부터 나뭇가지 몇 개
> 엉성하게 걸쳐 있더니
> 이제 제법 단단해 보인다
> 시인의 집은
> 허공 높이 흔들리고
> 까치 두엇이 푸르릉 날아가고 나면
> 언제나 빈 집
> 누가 알까 저어하며
> 내가 자주 드나든다
>
> ―〈시인의 집〉

우리는 위의 시를 통하여 김행숙 시인이 가지고 있는 시적 인식과 세계관을 짐작할 수 있다. 그는 새가 집을 짓는 행위와 시인이 시를 짓는 행위를 병립시키어 자연스러운 암시와 은유로 연관시켰다. 시인은 우선 까치집을 '시인의 집'이라고 명명하였는데 이것은 즉흥적인 수사법을 동원하여 생성한 단순한 비유가 아니다. '시인'이라는 자리에 대한 김행숙 시인의 오랜 사유가 문득 계기를 만나 발설된 것이라고 보아야 한다.

까치집은 '허공 높이 흔들리는 자리'에 있으며 엉성하게 보여도 쉽게 허물어지지는 않는 집이다. 동시에 비어 있는 시간이 많은 고적한 집이다. 시인은 그렇게 허술하고 그렇게 흔들리며 그렇게 비어 있는 까치집이 시인이라는 자리와 동일하다는 것을 강조하고 싶은 것이다. 까치가 '굴참나무 우듬지 가까이' 걸쳐 있는, 자신의 집을 지키려고 하듯이 시인 또한 아무런 방어력도 저항력도 없는 시인의 자리를 천분처럼 지키고 있다는 고백이다.

시인은 자신이 까치인 줄 착각할 만큼 까치집에 몰두해 있다. 그리하여 스스로의 결함과 부끄러움을 다른 사람이 알까 걱정하면서 아무도 모르게 자주 비어있는 까치집을 드나들고 있다. 시인의 이러한 모습은 다음에 소개하는 〈새에게서 배운다〉에서 보다 구체적으로 나타나고 있다.

    새가 집을 짓는다
    능수버들 위에 나뭇가지를 물고 와서
    서툰 구족화가처럼
    열에 아홉은 떨어뜨리면서도
    끊임없이 쉬지 않고 집을 짓는다

나뭇가지가 아까운 낱말들처럼 즐비하다

한 편의 시를 얻기 위해
나는 얼마나 많은 시를 버렸나
얼마나 많은 집을 짓다가 부쉈나
생각의 나뭇가지들을 다듬었었나
마음은 벌써 내리막길인데
부르면 잠시 머무는 듯한
봄이 가고 있다

―〈새에게서 배운다〉

하나의 진리를 터득하기 위하여 무수한 시간 고행하지 않으면 안 된다. 한 편의 시를 얻기 위해서 무수한 시를 버려야 한다. 한 편의 시를 완성하기 위해서 떨어뜨린 수많은 낱말들과, 새가 집을 짓기 위해서 물어 나르는 나뭇가지들. '열에 아홉은 떨어뜨리면서도 끊임없이 쉬지 않고 집을 짓는' 새들. 이제는 '부르면 잠시 머무는 듯' 하던 봄도 지나가고 있는 시간. 시인은 벌써 내리막길을 내려다보면서 아직 다 짓지 못한 시 때문에 괴로워하고 있는 것이다.

구족화가가 서툴게 그림을 그리듯이 시인은 서툴게 시를 짓는다. 짓다가 부수고 다시 짓다가 부수면서 시인은 시를 멈출 수 없고 새는 집짓기를 멈출 수가 없다. 시인의 괴로움과 망설임은 마치 〈시인의 집〉의 속편처럼 〈새에게서 배운다〉에 계속되어 완결을 보고 있다.

이것은 비단 새가 집을 짓는 일이나 시인이 시를 짓는 행위에만 적용되는 패턴은 아니다. 인간의 삶의 모든 형태를 새가 짓는 집, 시인이 짓는 시에 대입될 수 있다. 인간은 목적을 세우고 그것을 향하여 도전하면서 무수한 실패를 감수한다. 그러나 실패를 경험이라고 낙관하면서 포기하지 않고 계속할 수밖에 없다.

〈시인의 집〉이 김행숙 시인의 시와 문학에 대한 새로운 의지와 인식을 보여주는 작품이라고 한다면 〈새에게서 배운다〉는 인생을 관조하는 그의 철학을 해설해 준다고 하겠다.

2. 햇살과 우듬지의 미학

키엘케골은 시가 리얼리티와 무관한 세계라고 주장하였고, 랭그 역시 시는 역사적 기록의 저장고가 아니라 현실의 가상이요 환상이라고 하였다. 시가 만일 현실을 표현하는 일에 주력하면 존재하는 것만이 진실이라는 사실성을 강조하게 될 것이며 존재하는 것만이 진실한 것이라고 한다면 일체의 상상적인 것을 무화 내지 약화시키는 근거를 만들 수 있기 때문일 것이다.

그러나 리얼리티는 오히려 시의 감성을 튼튼하게 받쳐주는 버팀목이 될 수도 있다. 시와 현실, 이 두 명제가 서로 상반되는 의미를 내포하고 있기는 하다. 그러나 동시에 둘은 긴밀한 유대관계를 맺고 있다고 하겠다. 시에서의 현실은 시의 토양으로서의 현실이 될 수도 있으며 시의 배후에 존재하는 체험적 공간으로서 현실이 될 수도 있다.

따라서 철저한 의미의 현실 배제의 시는 존재하지 않는다. 시에서 인간과 인생과 현실을 배재하였을 때 그것은 서민의 서정이 아니라 귀족의 취향이 되어버릴 것이다. 현실이란 미시적으로도 거시적으로도 설명될 수 있다. 그것은 곧 날마다 살아가는 일이기도 하고 '인생'이라고 하는 거창한 무엇이기도 하다. 그리고 삶과 인생은 근원적

인간성의 문제에까지도 연결되어 있는 것이다.

  만일 리얼리즘이 인생과 생활을 강력하게 표현할 수 있는 반면 예술적 표현에 무력하다면 예술적 표현을 보완하면 될 것이다. 사물은 생생하게 드러내면서도 언어의 아름다움은 높이 드러내지 못한다면 언어의 아름다움에 역점을 두면 될 것이다.

  김행숙의 시는 리얼리즘을 옹호하고 있다고 볼 수 있다. 앞에서도 잠깐 언급하였지만 그는 익사할 듯 충일한 감정에 빠져서 혼미한 정황을 호소하지 않지만, 그렇다고 실상을 제시하듯 산문적인 호흡을 보이지도 않는다. 그는 시의 형식적 기교에 몰두하지 않으면서 억지를 부리지 않은 가락에 실어서 조화된 균형미를 보여준다.

    어둠 속에서
    잎새들은
    서로 어깨 기댄다

    숲속 바람결이
    쓸쓸해지는 저녁답
    몸을 떠는 저 어린 것들 모습이
    오스스 춥다

    어둠 속에서
    우리들 삶도
    한 잎의 잎새 되어
    제 몫의 한기를 견딜 때
    밤의 적막한 손이
    세상의 어린 것들을
    자장자장 재우는 소리 들린다

                            -〈적막한 손〉

쓸쓸한 저녁 무렵 홀로 흔들리다가 더러는 잎을 떨구는 나무들. 그 나무를 보는 시인의 눈은 오로지 나무에만 멈추지 않고 자신을 한 그루 나무로 옮겨 심는다. 그리고 시인은 거기 은총으로 내려오는 훈기. 추운 나무들을 마음 놓고 잠들게 하는 섭리를 깨닫는 것이다. 전혀 호들갑을 떨지 않고, 걱정에 흔들리지 않으면서 이만한 감동을 조성하기는 쉽지 않다.

이 시를 일독하면서 독자가 느낄 수 있는 것은 작은 것에 기울이는 시인의 섬세한 관심과 연민이다. 어둠 속에서 서로의 어깨를 기대 듯 의지하고 있는 나무들, '숲속 바람결이 쓸쓸해지는 저녁답' 이면 몸을 떠는 듯 흔들리는 잎새들을 보면서 시인은 '저 어린것들의 모습이 오스스 춥다'고 자신의 전신감각으로 일체화시키는 사랑을 보여주고 있다.

김행숙은 시의 도처에서 작은 것들에게 관심을 기울이고 그들에게 기쁜 마음으로 사랑을 헌납한다. '여뀌 풀 우거진 탄천에서 / 팔딱팔딱 뛰며 집으로 돌아가는 / 어린 물고기들과 눈 맞추며' 걸어가고(〈탄천에서〉), 쓰레기통에 버려진 한낱 쓰레기에 불과한 빵조각이 '먹히기를 단념한 채' 불안한 어둠에 잠겨 있는 것을 보면서 ' 시인의 심장은 느닷없이 쿵쿵 뛰기도 한다.(〈빗긴 햇살에 드러나듯〉)

김행숙은 〈적막한 손〉에서 문득 우리들 삶도 한 잎의 잎새와 다름없음을 고백한다. 우리들도 고통과 질곡 속에서 제 몫의 외로움을 견디면서 살고 있으며, 서로 의지하면서 견디는 어린 잎새 같은 우리들 위에는 어떤 적막한, 그러나 거대하고 위대한 손이 있음을 시인은 알고 있는 것이다. 그 거대하고 위대한 손은 우리가 우리의 어린 것들을 재우듯이 우리의 숨결을 자장자장 재우고 있다. 적막한 손이 부르는 자장가를 들을 수 있는 귀. 그런 축복된 귀를 가진 사람은 세상에 많지 않다. 그것은 자신이 지극히 작은 미물임을 알고 그 위에 군림하는 존재를 긍정할 줄 아는 사람에게만 열려있는 귀인 것이다.

>얇고 가벼워 깔보던 것
>하찮은 것으로부터
>기습을 당했다
>늘상 가까이 있어
>두렵지 않던 종이
>날카로운 칼날이 되어
>검지 첫 마디가 피를 흘린다
>
>믿었던 것으로부터의 배신감
>친숙한 것으로부터의 단절 통보
>
>가까운 사람에게서도
>느닷없이 베일 때가 있다
>그가 던지는 말 한 마디에
>나는 늘 무방비 상태
>내 연한 마음을 눈치 챈
>복병은 시치미 떼고 있다
>
>―〈종이에 손을 베고〉

시인은 하찮은 것으로부터 기습을 당하기도 하고 믿었던 것으로부터 배신을 당하기도 한다.

다 믿었으므로 내가 무방비 상태에 있을 때, 내 약점을 아는 복병으로부터 상처를 입고 피를 흘리는 것이다.

필자는 서두에서 김행숙의 시들이 광명을 지향하고 있음을 언급한 바 있다. 그는 광명을 지향하고 있는 만큼 '햇살'과 햇살에 준하는 어휘들을 즐겨 쓰고 있다. 햇살은 싹을 틔우고 우듬지를 피운다. '나무는 우듬지에서 흘러내리는 빗물을 혓바닥 내밀어 달디달게 핥'고 '내 온몸에도 새순 돋아' 나는 생명력(〈비로소 흐느낀다〉)을 보이며, '새로 움튼 싹들이 연두 손 내밀어 비집고 나오는 소리가 들린다'(〈여우비 내리면〉)고 환희를 토로한다.

'햇살이 부셔 눈물이 난다'(〈햇살이 부셔 눈물이 난다〉)고 직정적으로 고백하는가 하면, '거부당한 기억이 빗긴 햇살에 드러나듯 선명이 다가올 때'(〈빗긴 햇살에 드러나듯〉)라고 기억과 망각을 햇살의 명암에 얹어서 표현하기도 하며, 절마당에 서서는 '그곳에 머문 정오의 햇빛마저 부동자세다'(〈탑 쌓기〉)라고 자세의 꼿꼿함까지도 햇살로 비유한다. 이들은 모두 봄이라는 계절과 무관하지 않아서 그의 시들은 봄의 꽃들이 만발해 있는 꽃밭과 같다. 진달래, 목련, 산수유, 오얏, 영산홍들. 햇살을 받은 나무들은 움이 돋고 잎이 피어나서 그의 시를 색깔로 표현하라면 연두색이라고 해야 할 것이다. 태양의 열과 빛으로 연두색은 초록으로 변할 것이다. 시인은 마치 풍성한 햇살 아래 두 팔을 쳐들고 광합성을 하고 있는 한 그루 나무처럼 서 있다.

해는 뜨고 짐으로써 광명과 어둠이라는 이중적 이미지를 동시에 부상시키지만 김행숙 시인은 어둠을 언급하지 않는다. 어둠 속에서 다시 달이 떠오르고 '보름달 뜨면 염전에도 소금달이' 떠서 '젊은 내 가슴에도 달은 떠오'르게 된다면서(〈보름달 뜨면 소금달 뜨고〉), 지는 해를 표현하더라도 절망과는 무관한 황혼이나 노을의 영상으로 내보낸다.

김행숙의 햇살에 대한 선호는 둘째 시집의 제목 『햇살 한 줌』에도 여실하게 반영되어 있다. 그만큼 그는 양지와 긍정의 편에 서 있는 시인이다.

3. 아래로 향하는 시선

  오만한 인간의 눈에 잘 보이지 않는 미물의 소우주 생물학도 출신 프랑스 감독이 클로즈업했다
  강물에 뜬 나뭇잎은 두둥실 커다란 나룻배 풀잎 한 줄기도 거대한 기둥 파리날개 확대하니 크롬유리 은박의 멋진 조형물 잠자리 겹눈은 정확한 레이더 먹이 포착하면 비행해서 잡아챈다 고대 이집트 왕이 잠든 파라오처럼 나방고치는 웅장하고 정교했다 그들 세계에도 삶과 죽음이 있고 싸움과 긴장이 있으며 알 수 없는 그윽한 기쁨에 자연과 어우러진 일체감이 있다
  누군가 현미경으로 우리를 보고 있다 우리들 삶의 현장은 마이크로 코스모스 나도 그 중의 한 작은 분자 누군가를 미워하고 누군가를 사랑한다 저 높은 곳에서 나를 내려다보는 시선이 있다
  나의 일거수일투족을 지켜본다

               -〈마이크로 코스모스〉 중에서-

한낱 미물에 불과한 인간이 감히 누군가를 선택하여 사랑하고 미워함은 얼마나 오만한 일인가를 심각하게 깨닫고 있다. 그는 미물 세계의 소우주, 불가시적 절대 세계를 인정한다. 그리고 '저 높은 곳에서 나를 내려다보는' 절대자의 시선을 두려워한다. 그의 두려움은 경외심이 되어 여러 편의 시에서 고백하고 있다. 한때는 '두 손을 맞잡고 드리던 눈물의 기도'가 '첫사랑이 식듯이 나태와 독선에 빠졌음

을'(〈처음 사랑〉)통회하기도 하고, 허랑방탕하다가 돌아온 탕자에게 '기다려 주는 이 있어서 너는 행복하다'고 집을 버리고 떠났던 자신의 잘못을 참회하기도 한다.(〈돌아온 탕자〉)

그러나 김행숙 시인이 진지하게 열중하고 있는 것은 사람에 대한 사랑이다. 그가 대자연을 사랑하고 절대자이신 하나님을 경외하는 마음도 물론 남다르지만 사람을 향한 사랑은 그보다 훨씬 절절하다.

김행숙은 땅끝 마을, '저녁이면 마음까지 닫아거는 동네에서 부디 환한 빛 잊지 말라고, 포근함 버리지 말라고 동네방네 뛰어다니며 불 밝히는' 청년, 남들은 바보라고 밀쳐 놓은 진옥씨의 편을 들어주기도 하고,(〈가로등 청년 진옥씨〉) 젊은 시절 다 보내고 이제는 아파트 경비실 앞에서 '낡은 의자에 앉은 채 졸고 있는 김씨'(〈어느 봄날〉)의 삶을 축복해 주기도 한다.

김행숙은 아름다운 인간 사랑을 파종하는 전도사와 같다. 그는 사람 가운데서도 아주 가까운 관계의 사람들, 피붙이와 살붙이에 대한 연연함을 아무런 망설임이나 거리낌 없이 여러 편의 시에서 토로하였다.

혈연에 관련된 문제는 단순하지 않다. 경우에 따라서는 노출하고 싶지 않은 아킬레스건이 될 수도 있고 드러내 자랑하고 싶은 크라운이 될 수도 있다. 두 경우가 모두 시로서 성공을 거두기가 어려운 것은 거기에 진정성이 개입하기 어렵기 때문이다. 노출하지 않으려는 마음이나 자랑하려는 마음에는 체면과 계산을 염두에 둔 저울질이 따르게 된다는 것이다. 김행숙은 감추려고도 자랑하려고도 하지 않았다. 그는 다만 그의 본성인 따뜻함과 정직함으로 고백하였다.

> 병든 아버지의 몸을 닦는다
> 파란만장한 생애 주름살 속에 녹아 있다
> 젊은 날 크고 멋지던 아버지
> 검은 제복에 말 타고 달리던 그가
> 지금은 마른 몸에 눈빛만 살아
> 여든 일곱 고갯길을 넘고 있다
> 삭정이 같은 등을 닦으며
> 그 잔등에 업혔던 어린 날
> 넓고 든든하던 세상
> 태산 같던 아버지
> 넉넉한 무릎에 앉아 바라보던 바깥은
> 호수보다 잔잔하였다
> 아버지의 발을 씻기며
> 큰 발등을 밟고 다리에 매달려 춤추던
> 다섯 살 내 웃음소리 하늘높이 퍼졌었다
> 험난한 파도에 휩쓸리면서도
> 거침없이 달려 온 평생
> 늙은 아버지의 등을 끌어안는다
>
> —〈거대한 산 같던〉

'검은 제복에 말 타고 달리던' '젊은 날 크고 멋지던 아버지' 였다. 그러나 '지금은 마른 몸에 눈빛만 살아' 있는 '삭정이 같은' 아버지가 된 것이다. 시인은 아버지의 등을 닦으면서 '넓고 든든하던 세상' 의 '태산 같던' 아버지를 그리워한다. 아버지는 시인의 '오랜 친구' 이며 생활의 규범이었다. 〈함께 떠난 여행〉에서는 아버지를 여읜 슬픔을 달래기 위해 여행을 떠나지만 머무는 여행지의 도처에서 아버지를 만남으로써 그는 여행을 떠나지 못했던 것이나 다름이 없게 되어 있었다.

시인은 또 어머니를 '단봉 낙타'로 표현하고 있다. '그 넓은 치맛폭에 일곱 남매와 친정 동생까지 여미고 모래사막 힘겹게 건너는'(〈어머니는 낙타〉) 거대한 낙타, '온갖 악천후에 탈진하여도 아침이면 다시 길을 떠나는 어머니' 상은 우리의 보편적 어머니 모습에 통해 있어서 공감대가 크다. '세상일을 다 이별한 어머니'가 조금씩 작아지다가 저물어가고 있음을(〈조금씩 작아져간다〉) 안타까워하며, 이제는 '뒤뚱대며 힘겹게 걸음마를 배우는'(〈걸음마를 배운다〉) 어머니를 슬퍼한다.

남편에게 '역시 당신은 괜찮은 사람이야'라고(〈날개 달아주다〉) 칭찬하여 날개를 달아주는 아내 김행숙, '칠첩 반상기 얌전히 반찬을 담아' 스스로를 대접하면서 '나를 향해 정중히 절이라도 하고 싶다'(〈내가 나를 대접한다〉)고 자애하는 그의 모습이 처절하게 다가오는 것은 왜일까. 그의 거침없는 토로는 꾸밈이 없는 진실이다. 리얼리즘이 아니고서는 이러한 표현이 어색한 굴곡을 피할 수 없을 것이다. 필자는 문득 자신을 인정하지 않고는 타인을 사랑할 수 없다는 말을 경구처럼 떠올린다. '사랑'이라는 말은 너무나도 관념적이다. 그 관념성이 구체성을 가지려면 자기 존재에 대한 인정, 스스로를 대접하는 마음으로부터 출발해야 한다는 사실을 시인이 일깨워 주고 있다.

우리의 영광이고 면류관이기도 하지만 그보다 무거운 노역이요 수치가 되기도 하는 피붙이와 살붙이, 이들을 멀리 격리시켜놓고 입으로만 사람을 사랑한다고 주장할 수 있겠는가. 인류라는 것, 민족이라는 것도 따지고 보면 피붙이와 살붙이의 확장개념이 아니겠는가. 이들을 어떻게 사랑하고 다스릴 것인가. 어떻게 견제하고 육성할 것인가는 우리 삶의 전제적 과제인 동시에 가장 기본적인 방향을 결정하는 과제라고 할 수 있을 것이다.

> 볼륨을 높일까요
> 스산한 바람이 불어요
> 모래바람 불어오면
> 휘어 도는 탱고를 춥시다
>
> 마음 끝에 맺힌
> 번민이나 집착도
> 박제가 된 듯 놓아버려요
>
> 하늘에 떠가는 구름처럼
> 절대고독에 차라리 잠겨
> 당신이나 나나 정신 번쩍 나게
> 뇌성벽력을 불러요
>
> 볼륨을 높일까요
> 명주실 한 타래 다 풀어도
> 끝이 보이지 않는 파장에
> 흘러가는 강물처럼 순하게
> 그렇게 가요. 우리
>   -〈볼륨을 높일까요〉

〈볼륨을 높일까요〉는 시집의 제목이 된 시로서 김행숙 시인의 광명 지향성을 잘 드러내고 있다. 마음 속 번민도 집착도 박제로 만들어버린 김행숙 시인. 그는 이제 볼륨을 맘껏 높여도 좋을 것 같다. '스산한 바람'이 모래를 몰아 불어오면 '휘어 도는 탱고'를 추자고 청할 수 있는 마음이라면 아무것도 걱정할 것이 없을 것이다. 고독을 몰아내는 대신 그 '절대고독 속에' 잠기자고 하면서, 차라리 권태와 정적을 몰아내어 뇌성벽력을 부르는 시인 김행숙.

그는 이제 여유를 가지고 '명주실 한 타래 다 풀어도 끝이 보이지 않는' 영원을 꿈꾸어도 좋으리라. '흘러가는 강물처럼 순하게' 가자고 하는 그의 목소리가 맑은 햇살 아래 평화롭게 들린다.

"볼륨을 높일까요?"

"물론이지요. 이제 당신은 볼륨을 맘껏 높여도 좋습니다."

박상연의 시

박 상 연 ────────────────

2001년 월간 『문학공간』에 시 〈시월상달〉, 〈등선폭포〉, 〈싸리꽃〉, 〈찻집, 봉주르〉 등의 작품으로 신인상을 받아 문단에 등단.
2011년에 다시 계간 『현대수필』에 〈있는 그 자리에서〉 등의 작품으로 신인상을 받음으로써 수필에 입문.
시집 『다시 시작할까요』
현재 동화구연가로 봉사하고 있다.
E-mail:syp888@hanmail.net

우수의 저녁, 아름다운 묵상

1. 시의 길과 삶의 길

 시인 중에는 "시인"이라는 말이 좋아서 시인이 되었노라고 고백하는 사람들도 적지 않다. "시인"이라는 말이 같은 문학인, 소설가나 수필가, 평론가라는 말보다 듣기가 좋다면 그 이유가 무엇일까? 시인의 주변을 감도는 쓸쓸함일까? 현실과는 거리가 있는 듯한 시인의 순수함일까? 시인의 가난일까, 시인의 고독일까? 아무런 단서를 달지 않고 첫 대면을 했을 때, 그 언행이 꼭 시인 같다고 느껴지는 사람이 있다. 시인 같은 사람은 셈이 빠르지 않고 세상의 물정에 어두우며 때로는 사소한 일에 격분을 잘하고 더러는 어리석어서 잘 속기도 한다.
 세상이 이젠 될 대로 되었다고 한탄하면서 말세의 징후를 거론하는 사람들이 많다. 그러나 아직도 도처에서 시인이 되기를 갈망하는 사람들이 있다면 그것 자체가 희망이 있는 세상임을 증거하고 있는 것은 아닐까.

박상연 시인을 만나서 얘기를 나누는 동안 나는 엉뚱하게도 "아, 이 사람은 시인이구나."싶었다. 시가 그를 구제하였고, 그는 시를 받아들이면서 서로의 가슴, 그 반경을 넓혔다는 생각이 들었던 것이다. 박상연은 반드시 시를 써야 하며 그밖에 다른 길은 없을 것 같다는, 있어도 그것은 차선책일 것이라는 이 생각의 근원은 무엇일까?

박상연의 시를 읽는다. 마음이 잔잔해지고 편안해진다. 그러나 어딘지 쓸쓸하다. 시인은 이 쓸쓸함을 불만으로 여기지 않으며 이로부터 벗어나려고도 하지 않는다. 그는 세상이 원래 이런 것이라는 것을 알고 있는 것처럼, 자신이 처해 있는 자리가 오히려 과분하다고 생각하고 있는 것처럼 말하고 행동한다. 그는 그만큼 욕심이 없다. 시인이 살아온 삶의 궤적들은 하나의 통일된 줄기를 이루고 있다. 그는 교육자로 살아오면서 우수교육자로서 표창도 많이 받았다. 이순을 넘어 문학을 시작하였고, 수필가로 인정을 받았지만 다시 시를 공부하였고 시인이 되었으나 거기서 멈추지 않았다. 더 순결하고 천진한 동화의 세계를 동경하면서 여러 해 동안 동화구연가로서 동화속의 세월을 보내기도 하였다.

이 세상이 어떤 세상이든 그는 크게 걱정하지 않는다. 시인이 선택한 길은 올곧게 뚫려 있고 그 길을 정결한 마음으로 양순하게 걸으면 되는 것이었다. 그런 인생을 시인의 길이라고 정의하는 것은 지나치게 안이하고 피상적이며 평자의 주관에 치우친 주장일까? 그러나 나는 그의 시를 읽기 전 그가 지나온 삶의 족적에서 시인의 정직성과 시인의 순결한 삶을 읽는다.

비가 내리는 저녁

베란다에서 숲을 내려다본다
그윽하게 풍겨오는 솔향기
산사에 온 듯 적막하다

저 멀리 번뜩이는 자동차의 불빛들은
내 지난날의 열정처럼 현란하고
저녁 안개 피어오르는 앞산의 고요
이제 그만 내려놓으라 하는 것 같다

무엇을 그토록 갈망하고 있었을까
나는 어디까지 오르려 동동거렸을까
이제 무엇을 내려놓아야 하는가
비가 내리고 있다

-〈저녁 답〉전문

　박상연의 시에는 시간을 지칭하는 어휘가 많으며 시간 중에서도 저녁이 많다. 시인은 그 '저녁'을 시의 중심 매체로 원용하기도 하고 단순히 자연적 배경으로 장치하기도 한다. 각 시간에는 그 시간이 포함하고 있는 이미지가 있다. 새벽이 출발하는 긴장감을 불러온다면 한낮은 대결과 투쟁의 치열함을 나타낸다. 이에 반하여 저녁은 뜨겁게 타오르던 절정을 지나서, 엉켰던 실마리를 풀어 해결하고, 잔잔히 안정을 주는 종결부로서의 의미를 가진다. 저녁은 정돈과 묵상의 시간이며 하루를 결산하는 자리이기도 하다. 집으로 돌아오는 길목에 있는 저녁. 우리는 저녁마다 조금씩 달관에 이르게 되어 초조했던 대낮을 가라앉히고, 정지와 침묵의 밤이 오기 전 우수와 회한을 조용히 풀어내기도 한다. 이 시인이 특히 저녁을 많이 읊은 것은 어느덧 인생의 오후에 서있는 자신의 위치와 주변을 은유한 것일 게다.
　저녁이 환기하는 정서는 하루의 종결이라는 시간적인 의미 외에도 하강의 길목이라는 공간적인 의미도 포함한다. 따라서 이 시인이 누리는 공간은 분망하지 않은 사색의 공간이다. "저녁 햇살 흐느낌 속에/창 너머 날아가는 한 마리 철새처럼/조용히 산 숲으로 잦아"(〈여유〉)들게 하는 시간이며, "후회 없는 하루를 보내며/저녁에 웃을 수 있으면 참 좋겠다/그대 멀어져 가도 그 마음 내가 알아/새로운 소망을 안아본"(〈12월〉)다고 말하게 하는 시간이다.

> 저녁 설거지를 마치고
> 앞치마에 손 닦으며
> 무심히 뒷산을 바라본다
>
> 벌써 어둠이 드리워지고
> 타다 남은 빨간 저녁노을은
> 구름 끝에 걸려 있다
>
> 다리 긴 사슴 한 마리
> 성큼 성큼 뛰어 올라가는 듯
> 어디로 가는 걸까
>
> 　　　　　　　－〈어디로 가는 걸까〉전문

　저녁, 설거지, 뒷산, 어둠, 노을, 사슴. 결코 많다고 할 수 없는 어휘로 조직된 위의 시는 한 폭의 그림처럼 아름답다. 저녁 설거지를 마친 다음 앞치마에 손을 닦으며 문득 바라보는 뒷산, 벌써 어둠이 드리워지고 타다 남은 빨간 저녁노을"은 "구름 끝에 걸려 있다" 시간은 마치 다리가 긴 사슴 한 마리가 그 긴 다리로 성큼성큼 뛰어 올라가는 듯이 바쁘게 지나간다.

  속도가 빠름을 형용할 때 우리는 흔히 '흐르는 물과 같다(流水와 같다)' 느니, '화살처럼 빠르다' 느니, '주마등처럼 지나간다' 등의 표현을 쓰곤 하지만, 이런 비유는 이미 낡을 대로 낡아서 신선미가 없다. 박상연 시인은 "다리 긴 사슴 한 마리 성큼성큼 뛰어 올라가는 듯"하다고 하였다. 시간의 흐름을 다리 긴 사슴의 모습으로 은유한 것은 아마 박상연 시인만의 창조적인 표현이 될 것이다.

  마지막 행의 사슴은 "어디로 가는 걸까"에는 미래의 세계에 대한 시인의 동경과 선망 그리고 그리움이 담겨 있다. 그러나 그 내면에는 선망이나 동경만이 아닌 우리들 인간의 공통적인 염려와 두려움도 담겨 있을 수 있다.

2. 비움과 채움

    알 수 없어
    가슴을 파고들던
    그 수수밭
    바람소리

    치마를 무릎까지 걷어 올리고
    하얀 개울을 맨발로 건너서 가면
    검푸른 잎줄기들이
    가을바람에 숙설거리던

지금도 소년은
사랑을 노래하고 있을까
알 수 없어
해거름 그 수수밭의
휘파람 소리

-〈해거름 수수밭〉-

 노출된 것들은 확연한 영상을 제공하는 대신 그늘도 없고 아늑함도 없다. 궁금증이 없으므로 기대도 가질 수가 없을 것이다. 그러나 지금까지도 미지수로 남아 있는 알 수 없는 것들은 우리에게 그리움을 준다. "가슴을 파고들던 그 수수밭 바람소리", "해거름 그 수수밭 휘파람 소리"를 기억하고 있는 시인은 그로부터 먼 시간을 지난 지금도 "하얀 개울을 맨발로 건너서", "검푸른 잎줄기들이 가을바람에 숙설거리던" 그러나 아무런 대답도 할 수 없었던 그날의 기억을 원형 그대로 소중하게 간수하고 있다.
 박상연의 시를 총괄하고 있는 중요한 축은 '그리움'이다. 그러나 시인은 시를 관통하여 흐르는 '그리움'을 가볍게 발설하지 않으려고 한다. 아마도 '시'라는 존재 자체가 그 최후의 어느 지점에서는 '그리움'의 한 조각으로 농축되고 만다는 사실을 파악하고 있기 때문인지도 모르겠다. 그리움이란 그만큼 모자란 것에 대한 갈망인 동시에 현실의 보충으로 우리가 영원히 채울 수 없는 세계에 대한 희망이기도 하다.
 인생은 단 일회성의 것, 연습도 리허설도 없는 삶의 편린들이 모두 실시간으로 유실되어 버리는 듯한 초조와 아쉬움을 남기고 흘러간다. 어느 누구를 막론하고 돌아다보면 수치스러운 언행들이 있을 수 있고, 후회 막급한 족적도 있을 것이다. 그러나 그것들은 수정이 불가능한 과거일 뿐이다.

> 비워야 고인다고
> 버려야 채워진다고
>
> 무엇을 비우고 무엇을 버리며
> 비운 그 자리에
> 무엇이 채워지기를 바라는가
>
> 눈에 익은 것들 헤어지기 아쉬워
> 무거워도 그럭저럭 견디는 나날
>
> 냉기 풀린 이 봄밤은
> 혼자서 깊어지는데
> 나, 다시 시작할까요
> 할 수 있을까요
> 늦지 않았을까요.
>
> 　　　　　　　　　　　-〈다시 시작할까요〉

"냉기 풀린 이 봄밤은/혼자서 깊어지는데", 깊어져서 여름으로 가을로 갈 것인데, 그러나 시인의 마음은 풀리는 봄밤과 함께 깊어갈 수가 없다. 비우기 아쉽고 버리기 아까워서 질긴 미련으로 "무거워도 그럭저럭 견디는 나날"의 삶이 힘에 부치기 때문일 것이다. 우리는 버리지 못하면서도 더 채워지기를 갈망한다. 불편해도 그것들을 거느리고 부대끼며 살아가는 것이 보통 사람들의 모습이다. 원리를 알고 방법을 알면서도 과감히 잘라내지 못하는 것은 욕심 때문이기도 하지만 한편으로는 인정 때문이기도 하다. 마음에 거슬린다고 보이는 족족 버리고 베어내고 잘라낸다면 그 또한 비정하고 냉혹한 일이 아니겠는가. 세상은 버림으로써 가벼워지고 깨끗해지지만 그것으로 삭막해지기도 할 것이다. 시인은 이미 눈에 익어 익숙한 것들과 헤어지기가 아쉽다.

시인은 짐짓 "다시 시작할까요?"라고 묻는다. 특정한 상대를 두고 의견을 묻는 것이 아니라 시인 스스로에게 묻는 것이며, 몰라서 묻는 것이 아니라 다 알고 있으면서도 가능성을 타진하면서 방법의 어려움을 한탄하고 있는 것이다. 다시 시작하고 싶은 것은 지나온 모습들이 완벽하지 않다는 것을 알기 때문이며, 만족스럽지 않기 때문이며, 후회와 부끄러움을 느끼기 때문이다. 다시 시작할 수만 있으면 얼마나 좋겠는가?

그러나 아주 불가능한 것도 아니다. 이제라도 작심하고 다시 시작하듯이 마음을 벼르고 모은다면 그것이 바로 '다시 시작하는' 삶이 아니겠는가? 다시 시작하기 위하여 필수적인 것은 지금까지 축적된 삶을 딛고 일어서는 일이다. 다시 시작한다고 하여 지나간 일들을 버리는 것은 아니다. 지나간 일들은 다시 시작하는 삶의 발판이 되고 기초가 되며, 힘이 될 것이다.

> 동짓날 밤 한강변 불빛은 현란하였습니다
> 가끔 도깨비불 같은 퍼런 불도
> 획획 달리는 차 뒤로 사라지곤 하였습니다
> 꽃가루를 뿌린 듯 아름다운 강변 아래는
> 거무스름한 것이 강물이라는 걸
> 누가 모르겠습니까만,

나는 자꾸만 그 곳을 바라다보았습니다

세월은 흐르는 게 아니고 쌓이는 것이라고
침적된 삼각주를 그냥 비켜만 가는
강물이 일러주고 지나갑니다.
자갈밭 비포장도로, 진흙길도
정성들여 고르고 다듬으려 합니다

흐르다가 쌓이는 것은
내 마음 해안에 모여드는 것이겠지요
살아가는 일은
사랑을 쌓아가는 일이니까요

-〈삼각주〉

 일 년 중 밤이 가장 길다는 동짓날, 시인은 밤 한강을 내다본다. 강변에는 불빛이 현란하지만 그 중에는 도깨비불도 있을 것이라고 생각하면서…. 이 시인은 무슨 연고로 세상의 진수와 거짓은 당연히 병행하고 있다는 사실을 깨닫게 되었을까? 꽃가루를 뿌린 듯 아름다운 강변에서 꽃가루 밑으로 거무스름한 강물이 흐르고 있다는 것을 이미 파악하고 있는 시인. 시인은 표면의 현상만을 중시하지 않고, 현상 저변과 이면에까지 마음을 쓴다. 그리고 세상은 자갈밭이며 비포장도로지만 불편을 호소하면서 불만스러워하기보다는 "정성들여 고르고 다듬"어서 "내 마음 해안에 모여드는" 적체된 물질들을 다스리는 일, 그것이 바로 "사랑을 쌓아가는 일"임을 힘주어 역설하고 있다.
 흐르다 멈추기도 하는 강물, 멈춤은 단순히 휴지休止가 아니다. 휴지인가 생각하는 동안 해안에 모여드는 토사가 삼각주를 쌓아가고 있다는 것을 시인은 "사랑을 쌓아가고 있는 일"로 표현하고 있다. 삶의 음지와 양지, 그늘과 빛, 이들은 공존하면서 세상을 형성하고 있으며 흐름과 멈춤이 반복되면서 삶을 이루고 있음을 알고 있는 시인. 그는 초조하지 않다.

> 남한강변 산등성이에
> 밤안개가 젖어든다
>
> 빈 기찻길 너머 강물은 숨을 죽이고
> 하얀 갈대꽃이 아른거리는 지금은
>
> 늦가을이거나 초겨울이거나
>
> 굽이굽이 삶을 넘어가는 친구들과
> 모닥불에 둘러 앉아
> 찻집 봉주르에서
> 커피 블루마운틴을 마신다
>
> 저녁이 밤으로 고요히 흘러가고 있다
> 　　　　　　　　　－〈찻집 봉주르에서〉

"하얀 갈대꽃이 아른거리는/지금은 늦가을이거나 초겨울이거나" 그것은 그리 중요하지 않다. "굽이굽이 삶을 넘어가는 친구들"이 곁에 있고 그 친구들과 모닥불에 둘러 앉아 있는 여기는 찻집 봉주르다. 거기서 무엇을 마신들 어떠랴, 그러나 우리들은 "커피 블루마운

턴을 마"시고 있으며 "저녁이 밤으로 고요히 흘러가고 있는 시간에 함께 있다.

시인은 최고의 호사를 누리듯이 찻집 봉주르의 그 시간을 사랑한다. 그는 가을이 지나가는 저녁나절을 눈물겹도록 소중하게 누린다. "저녁이 밤으로 고요히 흘러가고 있"는 지금, 시인은 하루를 잘 살았음을 묵상하고 싶다.

3. '가족'이라는 이름

박상연의 시어 가운에 가장 절정에서 빛을 내고 있는 것은 '가족'이라는 어휘이다. 가족의 중심에는 '나'의 존재가 있고, '나'를 꼭짓점으로 하여 원을 그리게 하는 관계들이 있으며 그들을 함께 형성하는 가정이 있다. 시인은 가족에 대한 감정을 호들갑스럽게 과장하지 않는다.

그러나 시인의 정서를 주도하는 원천으로서 가정과 가족, 감정의 통로로서의 가족과 가정은 잔잔하고 조용한 가운데 엄중한 비중을 차지하고 있음을 암시한다.

> 앞 냇가 언덕에
> 아지랑이가 정겹습니다
> 봄이 오고 있나 봐요
> 아파트 창문으로 햇살 엷게 스며들고
> 뒷동산 마른 섶에
> 분홍 진달래 피어나는 정오

당신이 끓여주는 헤이즐럿 커피로
목 줄기가 천천히 향내에 젖습니다
아무 욕심도 없고
바람도 자고
그냥 이대로도 좋은 지금
내 마음에도 정말 봄이 오나봅니다

–〈봄〉 전문

시인이 원하는 행복은 거창하지도 않고 화려하지도 않다. 시인의 시간은 "앞 냇가 언덕에 아지랑이가 정"겨운 봄날 "아파트 창문으로 햇살"이 엷게 스며들고 "마른 섶에 분홍 진달래가 피어나는 정오"의 시간이다.

시인은 "당신이 끓여주는 헤이즐럿 커피로/목줄기를 천천히 향내로 적"시면서 "그냥 이대로도 좋은 지금"을 확인하고 있다.

소박하고 작은 행복으로 "그 마음에 정말 봄이" 오고 있음을 수시로 느끼는 시인. 그는 진실한 행복이 무엇인가를 알고 있다. 그리고 더 이상 "욕심도 없고 바람도 자고", "그냥 이대로도 좋은 지금"의 행복에 감사하고 있다. 시인은 이러한 상태를 일러 "내 마음에도 정말 봄이 오나봅니다"라고 술회한다. 시인 박상연은 그 동안 품었던 자신의 희망과 욕구가 혹시 과도한 것은 아니었는가, 성찰한다.

박상연은 시의 제목을 행복이라고 하지 않고 〈봄〉이라고 하였다. 냉혹한 겨울의 마음 그대로는 어림도 없는, 스스로의 여유로움과 따뜻함, 이해와 관용이 있어야 비로소 느낄 수 있는 행복이라는 것을 그는 이미 체득하고 있는 것이리라.

박상연의 감성은 타인의 입장과 처지를 염려하고 자기를 탓하면서 한 발 물러서곤 한다. 시인에게 있는 보편적인 공감능력뿐만 아니라. 자기중심의 감정에서 벗어나 이웃사랑의 정서에 살고 있다는 것을 보여준다고 하겠다.

> 수영장 초급레인에서 아기와 충돌하였다
> 아기는 젊은 남자 등에 업혀
> 논두렁 메뚜기 어부바 한 것처럼
> 물 위를 헤집고 다녔다
> 아빠와 아기
> 이웃나라 여인도 뭉쳐 다녔다
>
> 그들은 동동 물 위를 떠다니다가
> 흩어졌다 모이고 멀어졌다가도 함께 한다
> 보이지 않는 끈으로 이어지는 것
> 멀리 있어도 느낄 수 있는 것
>
> 그들은 가족이었다.
>
> -〈그들은 가족이었다〉

"그들은 가족이었다"는 말은 어느 시간, 어떤 상황에서도 충분한 이유가 될 수 있으며, 변명이 될 수가 있다. "가족"이라는 말은 그만큼 모든 관계의 최선두에 있다. 가족이라는 말을 압도할 다른 말은 없으며, 그것을 설명할 말도 필요하지 않다. "가족이니까", "가족이라면", 그것으로 모든 것은 해결되는 것이다. 가족이라는 말은 그만큼 위력과 권위를 가진 말인 동시에 감동을 가진 말이다.

"수영장 초급레인에서 아기와 충돌하였"을 때 "아기는 젊은 남자 등에 업혀"있었으며 마치 논두렁의 메뚜기가 어부바 한 것처럼 그들은 물 위를 헤집고 다녔다. 그들의 행동이 시인의 진로를 막기도 하여 불편했을 테지만 "그들은 가족이었다"는 한 마디 말로 압축하여 이해한 시인의 마음, 그 온기가 아름답다.

그러면서 시인은 가족이란 함께 "동동 물 위를 떠다니다가"도 "흩어졌다가 모이고 멀어졌다가도 함께"하는 것, "보이지 않는 끈으로 이어지는 것", "멀리 있어도 느낄 수 있는 것"이라고 정의한다.

> 그 날 아침 출근 시간, 고속도로에는 100미터 달리기 출발선에서 신호를 기다리는 선수들처럼 자동차들이 즐비하게 서있었다. 조금씩 아주 조금씩만 움직이면서…
> 엄마거위와 아기거위 몇 마리가 도로를 가로질러 걸어가고 있었기 때문이다.
> 뒤뚱뒤뚱, 꽥꽥. 자동차들은 그들 눈치만 보고 있었고, 엄마거위는 초조하게 여기저기 살피며 여전히 아기들을 데리고 힘겹게 가고 있었다.
> '죄송해요 조금만 참아주세요' 뒤뚱 뒤뚱
> 앵~ 앵~ 경찰차가 출동했어도 거위가족들은 여전히 뒤뚱거리며 고속도로를 가고 있었다.
> "고맙습니다, 고맙습니다"
> 나는 좌우를 번갈아 보면서 머리 숙여 인사하였다.
> 　　　　　　　　　　　　　　　　　　　　　　-〈거위 가족〉

고속도로를 달리던 자동차들이 일제히 멈춰 섰다. "마치 100m 달리기 출발선에서 신호를 기다리는 선수들" 같았다. 거위 가족 "엄마거위와 아기거위 몇 마리가 도로를 가로질러 걸어가고 있었기 때문"

이었다. 거위 가족들이 무사히 통과하기를 기다리는 동안 "앵~ 앵~ 경찰차"까지 출동하였지만, 사람들은 아무 불평도 하지 않았던 것이다.

거위들은 조금만 참고 기다려 달라는 듯, "뒤뚱뒤뚱, 꽥꽥" 소리를 지르면서 천천히 지나갔다. 그리고 시인은 이미 자식들을 거느리고 고속도로를 횡단하고 있는 엄마 거위가 되어 있었던 것이다.

"고맙습니다. 고맙습니다" 옆에 늘어선 차들에게 거위를 대신하여 인사를 하는 시인의 모습이 생명사랑의 눈물에 차 있다. 아무도 감히 불평하지 않았다.

아기를 거느린 엄마거위의, "거위 가족"의 통행이었으므로….

너 남아있었구나
남아서 기어이 피워 냈구나
사월 지나 오뉴월도 지나
이제는 팔월인데
이파리를 모두 잃어버린 진분홍 봉오리

꽃 중의 여왕이더니
작열하는 태양 아래 얼굴을 들고
정열을 겨루더니

너 혼자서 떨고 있었구나
비바람에 눈물범벅 얼굴을 하고서
담벼락을 움켜쥔 가녀린 손
앙상한 가지 위에 매달린
숨이 끊어질 듯 완주한 선수처럼

> 꽃봉오리 펼치고 서 있는
> 장하구나, 철늦은 장미
> 8월의 장미
>
>   -〈8월의 장미〉

시인은 자기의 시 중에서도 〈8월의 장미〉를 특별히 마음에 들어 하는 것 같았다. 5월에 피어야 마땅하건만 기회를 놓치고 철이 다 지난 8월에야 뒤늦게 피는 장미와 시인 자신을 동일시하고 있었던 것이다.

"너 혼자서 떨고 있었구나/비바람에 눈물범벅 얼굴을 하고서/담벼락을 움켜쥔 가녀린 손"을 바라보는 시인의 시선은 연민에 차 있다. 이 시의 서정적 자아는 "이파리를 모두 잃어버린 진분홍" 장미 봉오리다. 때가 지났음에도 포기하지 않고 남아서 기어이 피워낸 8월의 장미는 비바람에 눈물범벅 얼굴을 하고서 떨고 있으며, 가녀린 손으로 담벼락을 움켜쥐고 있다. 시인은 장미를 통하여 자신의 무력함, 왜소함, 외로움과 쓸쓸함을 구체적으로 실감하면서 동류의식에 붙잡혀 있다.

그러나 5월의 장미가 8월에 피는 것은 기회를 놓친 것이 아니라, 오히려 기회를 확장한 것이라고도 해석할 수 있지 않을까. 탐험하고 시도하는 장미이며 도전하는 8월의 장미는 오히려 대단한 생명이 아닌가? 너도나도 필 때 생각도 없이 덩달아 피지 않고 홀로 우뚝 피어나는 장미야 말로 특별하지 않은가? 모두들 늦었다고, 이제는 차례가 아니라고 돌아섰지만, 일정한 계절로 영역을 한정하여 포기하지 않고 사회적 규범이나 인식 같은 것이야 어떻든 신념을 가지고 굳건하게 주체의 입장을 선포하는 장미인 것이다.

 8월의 장미를 통하여 시인은 잃어버린 계절을 탈환하고 원기를 찾았을 것이다. "숨이 끊어질 듯 완주한 선수처럼/꽃봉오리 펼치고 서 있는/장하구나, 철늦은 장미"에 이르러 시인은 긍지와 자존심을 회복하였을 것이다.

 박상연 시인은 이제 불필요한 염려를 그치고 눈물범벅의 얼굴을 닦아도 된다. 그리고 스스로 "장하구나" 자기 염원과 암시를 읊어도 좋다. 부디 이 용기와 열정으로 좋은 시를 많이 쓰기 바란다. "숨이 끊어질 듯 완주한 선수" 당신의 성실한 삶을 응원하고 싶다.『다시 시작할까요』물으시는가? 물론이다. 언제든 다시 시작하시기 바란다. 박상연 시인의 새로운 시작에 큰 박수를 보낸다.

송미란 시

송 미 란 ─────────

2005년 『순수문학』 신인상에 시 〈가끔은 우산도 친구가 된다〉가 당선.
시집 『무슨 사정이 있겠지』 소월문학상을 수상.
한국가톨릭문인협회 회원, 시문회 회원
현재 〈현대문학문예〉 회장
　〈제목이 있는 글방〉을 운영.
E-mail:vsotr@daum.net

'아득한 사랑'에게 보내는 편지

1. 시詩의 등에 얼굴을 묻고

만일 시인을 대별하여 시처럼 생활하는 시인과 생활처럼 시를 쓰는 시인을 가른다면 송미란은 어느 쪽에 속할까? 〈시론〉 첫 시간에 '詩'라는 한자를 '言+寺'로 분해하면서 시詩가 얼마나 엄숙하고 진실한 것이어야 하는가를 설명하던 교수의 말이 생각난다. 시는 곧 말로 짓는 성전, 사찰이라는 것이다. 그런데 사찰, 성전이 되기 전의 말들은 또 신약성서 요한복음에서 이렇게 일깨우고 있다.

"태초에 말씀이 계시니라. 이 말씀이 하나님과 함께 계셨으니 이 말씀은 곧 하나님이시니라. 그가 태초에 하나님과 함께 계셨고 만물이 그로 말미암아 지은 바 되었으니 지은 것이 하나도 그가 없이는 된 것이 없느니라."

우리는 얼마나 많이, 그리고 얼마나 자주 신성하고 위대하여 함부로 발설하기도 어려운 말을 남용하고 있는가, 두려움으로 반성하게 된다. 글의 서두에 장황하게 시와 말의 중량과 신성성에 대하여 언급하는 것은 송미란 시인이 시를 생각하는 태도와 시에 기울이는 정신의 자세 때문이다. 그는 '시는 엄마의 등이다. 거기 내 얼굴을 묻고 시 한 편 읽었으니 한 끼쯤 걸러도 배고프지 않다'(《시의 등에 얼굴을 묻고》)라고 말할 만큼 '시'에 의지하고 시를 믿으며 그것으로 생명의 의미를 확인하면서 존재의 동력을 삼고 있는 시인이다.

   하루에도 열두 권의 시집을 만드는
   내 머릿속은 만발한 꽃밭이지만
   하루에도 열두 번씩 지었다 부수는 꿈

   오랜 버릇으로 책방에 들러
   오늘은 내 친구의 시집을 샀다
   날마다 열두 권씩 시집을 지을 뿐
   내 시집은 아직 세상에 없다

   누군가의 눈물을 닦아주는 시
   다시 웃고 일어설 용기가 되는 말을
   내 마음의 시집에 담았으면 좋겠다

   친구의 시집을 사 들고 돌아오는
   이상하게 가슴이 허허로운 골목
          -〈아직 늦지 않았네〉

 이 시인에게 있어서 '시집', '시인', '시'라는 말들은 시인을 행복하게 하고 삶의 기운을 충족시켜 주는 말이다. 그러나 스스로 시집을 엮는 일은 마음속에만 있을 뿐이었다. 하루에도 열두 번씩 지었다 헐었다 하는 꿈으로만 남아 있는 것은 시를 대하는 그 마음의 존엄성 때문일 것이다.

　어느 날 시인은 '오랜 버릇으로 책방에 들러' 시집을 사가지고 집으로 돌아온다. 그날 산 시집은 한 교실에서 공부하던 친구의 시집이었다. 그가 시집을 사는 일은 늘 해오던 일이며, 가장 행복한 일인 동시에 살아 있는 기쁨을 알게 하는 일이었다. 그러나 그날 시인은 '이상하게 가슴이 허허로'웠다고 고백한다. 그 허허로움은 부러움이라고 표현해도 될 것이다.

　그러나 단순히 부러움이라고 표현한다면 송미란의 진심을 오도할 가능성이 있다. 타인의 성취에 대한 부러움이라기보다 허공의 꿈으로만 존재하는 자신의 부실함에 대한 자책인 동시에 반성이며, 아직 집을 지어주지 못하여 떠돌게 하는 자신의 시에 대한 미안함일 것이다.

　그는 허허로운 골목길에서, 아직은 실체가 없는 그의 시집에 담길 시를 생각한다. 그것은 '누군가의 눈물을 닦아주는 시, 다시 웃고 일어설 용기가 되는' 시였으면 좋겠다고 생각한다. 시에 거는 그의 이상이 얼마나 높으며 거기 담길 진실에 쏟는 열정이 얼마나 뜨거운가를 짐작할 수 있을 것 같다. 그는 스스로 '아직 늦지 않았네' 위로하면서 자신을 추스른다.

　　　　길을 가다 가끔은 돌아보고 싶다
　　　　얼마만큼 왔나
　　　　얼마만큼 남았나 가늠하려고
　　　　누가 내 이름을 부른 것도 아닌데
　　　　무심코 돌아다보고 싶다
　　　　흐르는 것은 빗물만이 아니다

> 나만 억울하게 흘러온 것 아니다
> 길을 가다 돌아보면
> 뒤 따르던 사람들도 뒤를 돌아본다
> 돌아보는 시간에는 시간도 잠시 멈춰
> 지나온 어제가 얼마나 아름다웠는지 알게 한다
> 가끔은
> 돌아보며 길을 가는 버릇 나쁘지 않다
>
> ―〈가끔은〉

 위의 시는 송미란 시인이 삶을 어떻게 영위하고 있는지, 그 자세와 철학을 보다 확실하게 압축하여 제시하고 있다. 시인은 '아직 늦지 않았'다고 스스로의 속도를 조절할 뿐만 아니라 '길을 가다 가끔은 돌아보'는 여유를 가진다.
 세상은 우리에게 무작정 "뒤를 돌아볼 틈이 어디 있느냐, 앞만 보고 달리기에도 바쁘다"고 가르치지만, 전진에만 매달리지 않고 가끔 돌아다보는 일, 누가 나를 불러 세우지 않지만 무심코 돌아다보고 싶은 마음, 그것은 여유이며 멋이다. 돌아봄으로써 내가 지금 얼마만큼 왔는지, 또 갈 길이 얼마나 남았는지 가늠할 수 있고, 나만 턱없이 억울하게 잘못 살아오지 않았다는 것도 알게 된다. 살다가 멈춰서 가끔은 지난날을 돌아다보고, 잠자리에 들면서도 하루를 돌아다보면 삶의 속도를 조절할 수 있고 우리의 찌든 삶도 정화할 수 있을 것이다. 내가 돌아다보면 뒤 따르던 사람들도 돌아보게 된다. 돌아보는 시간에는 시간도 잠시 멈춰 서서 무심코 지나온 어제가 얼마나 아름다웠는지 알게 해 준다. '돌아보며 길을 가는 버릇 나쁘지 않다'고 말하는 시인은 어리석게 서두르지 않는다. 가끔씩 뒤를 돌아다보며 걷는 송미란에게는 쫓기는 초조감이나 불안 대신 느긋하고도 너그러운 기다림이 있다. 그는 목적에 시달리지 않고 방법의 묘미와 아름다움을 즐길 줄 안다.

> 살다가 그나마 잘한 일 있다면 그를 놓아준 일이다
> 인연이라며, 운명이라며, 큰일 날 뻔했지
> 놓아주지 않았더라면
> 가뭄 든 논바닥처럼 쩍쩍 갈라져
> 두 손 들고 넘어졌을지도 몰라
> 서로 대들며 싸웠을지도 몰라
> 사랑은 무슨 잠꼬대인가
> 둘 사이 빙하가 흐를지도 몰라
>
> 어쩌다가 그나마 다행스런 건 사랑을 단념한 일이다
> 불면으로 숱한 밤을 뒤척이다가
> 이대로 살 수 있을까, 세상이 무너졌지만
> 한 집에서 악을 쓰다가 아주 미워질 뻔했지
> 천만 다행이지
> 세월 흘러간 내 마음 한 자리에
> 맑은 옹달샘도 하나 생겼다
>
> ―〈변명〉

송미란의 매력은 숨김이 없고 꾸밈과 장식이 없어서 투명하다는 것이다. 그는 어려운 말을 쓰지 않는다. 그의 언어들은 갈고 닦고 단련한 언어가 아니라 소박하고 천연적인 기초언어들이다. 순수한 기초언어는 허물과 실수를 은폐하지 않는다. 수치나 후회를 가리기에도 적절하지 않다. 그러므로 그가 앞질러 시의 제목을 〈변명〉이라고 정했을까. 변명처럼 들릴 것을 예견하고, 화자인 자신이 미리 〈변명〉이라 했을 것이다.

'변명'의 사전적 의미는 '사리를 밝혀 똑똑히 밝힘', '잘못이 아님을 이치로 따져 밝힘'이다. 그러나 일상용어에서의 변명은 다분히 부정적인 요소를 가지고 있다. '변명하지 마라.', '변명이나 늘어놓는 군.'과 같은 용례에서는 변명=핑계라는 등식이 성립된다. 송미란은 부당한 핑계를 대는 것이 아니라, 실상에 덧붙여 이해를 도우려 하고 있다.

시 〈변명〉은 다 드러내지 못한 이면의 쓸쓸함, 체념으로 밀려난 아련한 그리움을 저변에 깔고 있다. 한때는 인연이며 운명이라 고집하다가, 결국 어긋나게 되면 인연도 아니고 운명은 더욱 아니라며 접어두는 경우가 허다하지 않던가. 시인은 사랑이 흠 없는 원래의 모습 그대로 보존할 수 있게 된 것을 다행으로 여긴다. 아무리 아름다운 꿈도 현실에 부대끼면 일그러지고 생활에 밀리면 부서질 게 뻔하다. 그래서 자신이 결행한 일 가운데 '그나마 잘한 일 있다면 그를 놓아준 일'이라고, '큰일 날 뻔했지' 시인은 안도하는 척한다. 붙잡고 있었다면 '가뭄 든 논바닥처럼 쩍쩍 갈라져 두 손 들고 넘어졌을지도' 모른다고, 사랑이 무슨 '잠꼬대'냐고 강변하는 시인의 순결한 마음에 토를 다는 독자는 없을 것이다.

그는 마치 삶의 굴곡을 샅샅이 답습하고 애정의 진행과정에 대한 일체의 공부가 끝난 사람처럼 말한다. 결국은 아주 미워하며 헤어졌을지도 모르는데 그를 놓아 보냈기 때문에 '세월 흘러간 내 마음 한 자리에 맑은 옹달샘도 하나 생겼다'고 말하는 시인이 대견해 보인다.

시간에 삭고 걸러진 감정이기는 하지만 시적 화소들을 완전 증류하기에는 무리한 변도 있어서 서술적인 형식을 택했을 것이다. 매사를 긍정적으로 정리하는 시인의 성격을 잘 드러내고 있는 작품이다.

2. 날마다 특별한 날

　송미란의 작품을 관류하고 있는 것은 사랑이다. 그러나 '사랑'이란 말이 항구적인 가치와 의미를 품고 있음에도 불구하고 '사랑'이라는 한 마디 어휘로 송미란 시의 특징을 정의한다면 너무 무성의한 태도가 아닐까 하는 생각이 든다.
　사랑은 모든 문학과 예술의 보편적 오브제인 동시에 범용의 테마이다. 특히 시의 소재로서 '사랑'이 다른 장르에서보다 자연스러운 것은, 그것이 다름 아닌 동일성의 발견이거나 동일성에의 열망이기 때문이다. 시인은 어떤 경우에서나 자아와 자아를 둘러싸고 있는 외부적 세계와의 합일과 융합을 꿈꾼다. 그리고 외부적인 세계와의 합일 혹은 융합은 곧 사랑이다.
　송미란 시에서의 사랑은 특수성을 가진다. 1:1이 아니고 불특정 다수가 대상이라는 점, 응답을 바라지 않음은 물론, 메아리조차 기대하지 않는 혼자만의 절규라는 점, 그것은 전념과 집착을 오히려 어렵게 할 만큼 그 범위가 광대하다는 점 등을 특수성으로 꼽을 수 있다.
　송미란의 시선이 꽂히는 곳은 하루하루를 살아가는 일상이며 생활이다. 시의 대상이 일상과 생활이므로 동일성을 찾아 객체와 화해를 이루는 과정이 친근하고 익숙하다. 송미란의 사랑은 조물주와 자연, 사물과 사건, 인생과 인간 등 다양하지만 그가 가장 절실하게 바라보는 것은 역시 인간과 인간의 삶이다.

아래층이 이사를 가나보다
아직 눈인사마저 나누지 못했는데
기어코 사다리차가 놓여있는 아침
또 한 사람 이웃이 이사를 간다

그저 바쁘게 오고 가는 사람들
사다리차 오르내리는 소리에 가슴이 흔들려
어딘가 나도 실려 가고 싶은 마음
이십년이 지났을 동네 삼나무는
아파트 높이를 훌쩍 넘어
한참을 올려 보아도 해탈의 비늘 같은
이파리만 떨어뜨린다

키우던 허브는 갈라진 시멘트 바닥에 던지고
노란 쓰레기 종량제 봉투만 남겨둔 채
이삿짐 트럭은 떠났다
시커먼 매연 한 줄기 축포를 터뜨리면서

세월의 흔적이 쓰레기봉투 하나에 담길 수 있으랴
살아온 향내가 허브 화분에 남아 있으랴
할 일은 태산 같은데 일이 손에 잡히지 않는다
오늘 밤은 나도 보따리를 싸는 꿈을 꿀 것 같다

-〈이사〉

도시에서 아파트 생활을 하다보면 어느 날 문득 앞동에 사다리가 놓이고 이삿짐이 내려오는 것을 보게 된다. 시인은 바로 '아래층이 이사를 가'는 날, '할 일은 태산 같은데 일이 손에 잡히지 않는다' 그는 그 아래층 사람과 '아직 눈인사마저 나누지 못했'다. 이날저날 미루다가 이별하게 되었을 때의 심정을 시인은 '기어코 사다리가 놓여 있는 아침'이라고 표현하였다. 마치 조마조마하게 그런 날이 있을까 염려했더니 '기어코' 걱정했던 일이 터지고 말았다는 말투다.

'또 한 사람 이웃이 이사를' 가버리는 상실감을 이기지 못하는 시인은 어디 갈 곳이 있는 것도 아니면서 무작정 떠나는 사람을 따라 실려 가고 싶어 '보따리를 싸는 꿈을 꿀 것 같다'고 피력하고 있다.

시인의 가슴은 '사다리차 오르내리는 소리에 흔들'리면서, 한 자리에 뿌리 박혀 떠나지 않고 '아파트 높이를 훌쩍 넘'게 자란, 아마도 이십년이 넘었을 동네의 삼나무를 한참이나 올려다본다. 나무는 지금 이파리를 떨어뜨리고 있지만 사실은 잎을 떨어뜨리고 있는 게 아니라 '해탈의 비늘'을 떨어뜨리고 있을 것이라고 말하는 시인. 그는 인간보다 자연이 훨씬 느긋하고 신실함을 말하고 싶었을 것이다.

떠난 사람이 키우던 화분은 갈라진 시멘트 바닥에서 뒹굴고 노란 쓰레기 종량제 봉투만 남겨졌다. '세월의 흔적이 쓰레기봉투 하나에 담길 수 있으랴, 살아온 향내가 허브 화분에 남아 있으랴', 혼잣소리처럼 중얼거리는 시인의 인인애隣人愛가 따사롭다. 그러나 시커먼 매연을 축포인 듯 내뿜으며 매정하게 떠나는 이삿짐 트럭을 원망하며 바라볼 수밖에 없다.

송미란이 일상과 생활에 대한 사랑은 혹은 관심과 온정 혹은 연민과 동정으로서 거창하거나 특별하지 않다. 그러나 특별하지 않다는 것은 크지 않다거나 시시하다는 것과 다르다. 꾸준하고 변함없는 그의 생활처럼 그의 사랑 역시 삶의 중심에 상주하며 동행한다는 뜻이다. 시인 자신은 사랑과 동행하는 스스로의 일상을 〈누구에게나 있는 그런 흔한 날〉이라고 할 뿐 조금도 부풀리거나 자랑하지 않는다.

> 반짝이며 창안으로 스며드는
> 살아 있는 날의 아침
> 네 웃음소리 내가 들을 수 있고
> 내 목소리 네게 닿을 수 있는
> 이 귀한 시간들은
> 흔한 날이면서 특별한 날이다
> 네가 곁에 있기 때문이지
>
> 초록의 편지마다 매미 노래를 담아
> 지난여름 그저 그렇고 그런 날에도
> 나는 희망을 통째로 네게 건넸다
> 우리가 내일 다시 만나지 못한다 해도
> 오늘 서 있는 이 자리
> 누군가 눈시울을 적시며 바라보았을 여기
> 결코 흔할 수 없는,
> 그래서 더욱 함부로 할 수 없는 우리의 하루
> 　　　　　　　　－〈누구에게나 있는 그런 흔한 날〉

송미란이 규정한 '살아 있는 날'이란 바로 사랑의 지속이 가능한 시간의 이름이다. 시인이 '살아 있는 날'을 일러 '흔한 날이면서 특별한 날'이라고 하는 것은 그의 사랑이 고정된 어느 날짜에만 한정되어 있지 않음을 뜻한다.

당연히 있어야 할 것이 있는 그저 보통의 평범하고 흔한 날이지만, 사랑하는 네가 있기 때문에 특별한 날이 되며, 그 사랑은 결코 중단되지 않을 것이므로 특별하지 않은 보통 날(흔한 날)이 되는 것이다. 그는 '오늘 내가 서 있는 이 자리'의 감격으로 눈시울을 적시면서 희망을 전하고 사랑의 눈과 귀를 열어 세상을 본다고 말한다.

사랑의 부재는 목숨의 부재와 다르지 않다는 확고한 기초 위에서 내리는 정의일 것이다. 하루하루의 삶을 '함부로 살 수 없는' 것은 내 '희망을 통째로' 내맡길 수 있는 존재 '네가 곁에 있기 때문'이라는 시인의 목소리는 오히려 담담하다.

시인은 사랑을 행사함에 있어서 언제나 신중하고 조심스럽다.

시 〈아득한 사랑〉에서는 '오른쪽 가슴에 끓어오르던 열정이 왼쪽 가슴으로 넘어가기도 전에 식어 버릴까 봐' 염려한다. 인간의 사랑이란 일시에 끓어오르던 열정이 숙성하기도 전에 무화될 수도 있고 전달되는 과정에서 '막히고 터져 버릴' 수도 있어서, 그는 애초의 온전하던 것이 행여 변질되지는 않을까 마음을 쓴다. 가깝고 쉬운 사랑을 조바심하지 않고 아득한 사랑의 영원성을 알고 믿으며 추구하는 시인이다.

시인은 또 인간으로서 인간을 수용하는 사랑의 본질에 대하여 회의하면서 아프게 자책하기도 한다. '돌아누우면 잊어버리고 돌아누우면 식어버리고 돌아누우면 아득한 내 사랑이여' 영원해야 할 사랑의 속절없음을 외치는 시인의 탄식은 곡진하고 절실하다. 살아 있는 날들 하루하루가 특별한 날이듯이 이들의 총체인 그의 인생 역시 특별한 인생이 될 것이다. 그는 그만큼 살아 있음을 경이와 감사와 은혜로 수용하고 있다.

사랑의 속성은 원래 어떤 목적도 욕망도 없으며, 더구나 이기적 효용은 따지지도 않지만, 세상에 사랑이라는 이름을 달고 자행되는 목적과 욕망과 타산은 얼마나 무서운가. 송미란은 그 와중에서 자신의 사랑을 돌아보며 그 순수성과 적절성을 점검하고 반성한다.

그의 시에는 어머니, 아버지, 할머니 등 가까운 핏줄의 이름도 등장하지만, 처음 만난 가난한 이웃들, 거리에서 스치는 이름도 모르는 사람들도 나온다. 시인은 그 사람의 고통에도 무심할 수가 없다. 그는 어둡고 복잡한 세상사에 일일이 참견하고 상관한다. 상관해봤자 하등 득이 될 것이 없는 일들인데도, 아니 하등 득이 될 것이 없고 칭찬해줄 사람이 없기 때문에 그는 더 연민과 동정과 애린의 정을 누를 수가 없을 것이다.

상관한다는 것은 간섭하는 일이고 일일이 간섭한다는 것은 그만큼 그에게 관심과 염려, 사랑이 있다는 말이다. 엄밀히 말하자면 시인이란 사물마다 간여하고 참견하는 사람이 아니겠는가. 자연과 인간과 인생에 간여하는 사람, 참견하여 이름을 지어주고 해설하는 사람. 무심히 지나치지 않고 상관하기를 좋아하는 송미란 주변, 사방도처에는 무수한 '그 사람', '그 여자', '그 사람'들이 있다.

> 2리터 소주병에 긴 빨대를 꽂아놓고
> 대구껍데기를 벗기다가
> 동태껍데기를 벗기다가
> 부두 어시장에 황새부리가 된 여자
> 바다에 아들을 잃고
> 푸른 바닷물을 다 들이킬 듯
> 소주병을 옆에 두고 바다와 겨루기를 한다

"몸만 축 난다 그만 좀 마셔라"
뻔한 소리지만 말리는 사람도 없어
저 멀리 등대불이 밝아올 때까지
포를 뜨며 쏟아내는 그 눈물이
하얀 깃털처럼 바다 위를 덮는다
바닷가에 둥지를 튼 눈물의 집
뜬눈으로 밤을 지새우는 이름 없는 등대
그 여자는 지금쯤 눈물을 그쳤을까?

―〈그 여자는 지금〉

  술병에 빨대를 꽂아놓고 울고 있는 그 여자. '대구껍데기를 벗기다가 동태껍데기를 벗기다가' 부두의 어시장에서 황새부리가 되도록 술병을 들이키며 우는 그 여자. 그 여자는 아들을 바다에 잃고, 푸른 바닷물을 다 마셔버릴 듯이 술을 들이키고 있다. "몸만 축 난다 그만 좀 마셔라" 비록 해도 그만 안 해도 그만인 '뻔한 소리지만 말리는 사람도 없어' 외롭게 뜬눈으로 밤을 지새우는 이름 없는 등대와 같은 여자. '그 여자는 지금쯤 눈물을 그쳤을까?' 이제는 어떻게 되었을까 시인은 궁금하여 잠이 오지 않는다.
  필자가 송미란의 시를 읽으면서 계속 '인간성'이라는 말이 머릿속에 맴도는 것은 무슨 연유일까. 우리가 너무나도 흔하게 그리고 쉽게 쓰는 '인간성'이란 무엇을 이르는 것인가? 그것은 동물의 성정보다 나은 인간의 우월성을 지적하는 말인가? 아니면 신성보다 하수에 머물 수밖에 없는 인간의 비열성을 말하는 것인가?
  이에 송미란의 시편들은 '인간성'이라는 말을 인간주의-휴머니즘(Humanism)이라고 수정하면서 인간이 인간을 고려하고 상조하는 마음이라고 대답하고 있다. 그 대답이 옳든 그르든 송미란을 휴머니즘에 넘치는 시인이라는 정의에 이의를 달 사람은 없을 것이다.

> 새벽 5시 배식인데
> 시래기 해장국처럼 어둑한 4시부터
> 빨간 밥차 앞에 모여드는 사람들
> 더운 김 사이로 얼굴 들이밀고
> 순가락으로 퍼 올리는 밥 한 그릇
> 앞 사람 어깨너머 희부연 강이 흐른다
> 밥을 먹기 위해 줄을 선다
> 새벽 인력시장 일거리를 찾아
> 일터로 가는 봉고차를 기다리며
> 덕지덕지 눈곱을 걷어내도
> 눈꺼풀을 내리덮는 무거운 안개여
> 차곡차곡 포개지는 빈 그릇 속에
> 시간도 포개져서
> 내일도 밥차는 어김없이 밥을 해 나를 것이다
> 새벽이 오는 것은 해가 떠서가 아니라
> 그들을 먹일 아침밥이 준비되었기 때문이다
> 　　　　　　　　　　　　　　　－〈빨간 밥차〉

시인의 인간애는 단순한 추상성에 머물지 않고, 구체적인 움직임으로 실현되고 있다.

그는 새벽 5시 배식 시간에 늦지 않으려고 빨간 밥차가 있는 곳으로 서둘러 간다. '밥을 먹기 위해 줄을' 선 사람들에게 밥을 퍼서 힘을 나눠 준다. 시인은 더운 김 사이로 얼굴을 들이밀고 순가락으로 밥을 퍼 담는 사람들 속에서 분배의 즐거움이 아닌 원천적 비애를 느꼈을 것이다.

'새벽이 오는 것은 해가 떠서가 아니라 그들을 먹일 아침밥이 준비되었기 때문이'라는 시인의 생각은 비정하고도 엄숙한 실존의 과제를 던진다. 그것은 새벽 인력 시장에서 일거리를 위해서 줄을 서고, 줄을 서서 배를 채울 밥을 기다려야 한다는 각박하고 처절한 목숨의 비애일 것이다.

밥을 먹어도 때가 되면 다시 배가 고프고, 배고픈 내일을 위해서 밥차는 다시 밥을 할 것이다. 그러나 시인은 여기서 그러한 비애를 비애로 토로하지 않았다. 지극히 담담한 한 컷 한 컷의 그림처럼 그렸다. 그저 빨간 밥차가 있고 안개처럼 뜨거운 김이 오르고 그 앞에 줄을 서서 밥을 푸고 밥을 받는 객관적 그림, 감정을 배제한 풍경인 것이다. 어떻다는 해설도 정의도 내리지 않은 서술은 비애를 감추기 위한 장치일는지 모르지만 그 장치를 통하여 시인은 비애를 더 깊게 각인시켰다고도 볼 수 있다. 그러나 비애는 비애 그대로 남을지라도 사랑의 지속성을 믿는 그는 영원을 약속하며 계속 실행할 것이다.

3. 프란체스카의 맑은 우물

인간과 인생에 사랑을 기울이는 송미란의 시선은 하잘것없는 미물이나 생명이 없는 무생물에까지도 미쳐서 동일화의 작업을 완성한다. 동일화의 작업은 긍정적 시각이 아니면 애초부터 이루어질 수가 없다.

그것은 주체 속에 객체를, 객체 속에 주체를 수용하고 영입할 수 있는 공간을 마련하지 않고는 불가능하기 때문이다. 그 공간이 사랑과 우정, 이해와 연민, 화해와 양보가 어우러지고 숨 쉬는 공간이어야 함은 말할 것도 없다. 다음 〈나비〉는 매우 간결하고 예쁜 수작으로 송미란의 서정적 자아를 잘 표현하고 있다.

> 꽃잎인 줄 알았더니
> 나비입니다
> 날아간 줄 알고 서운하더니
> 다시 날아오네요
> 어머, 내게로 날아와요
> 점점 가까이 와요
>
> 어쩌면 좋아.
> 손을 내밀어 볼까요?
> 못 본 체 가만히 있어볼까요?
> 아, 차라리
> 두 눈을 꼭 감습니다
>
> —〈나비〉

날아와 앉은 것이 꽃잎이든 나비든 시인에게는 별 차이가 없다. 하늘과 땅 사이의 넓고 넓은 자리에 하필 시인에게 날아와 앉는다는 것이 놀랍도록 기쁜 사건일 뿐. 나비가 시인 가까이 날아오고 가까이 다가오고 있는 것이 자랑스러워서 시인은 숨도 마음 놓고 쉬지 못한다. 아직은 그의 손에 날아와 앉지 않았는데도 '어머, 내게로 날아와요 점점 가까이 와요. 어쩌면 좋아. 손을 내밀어 볼까요? 못 본 체 가만히 있어볼까요?' 어찌 할 줄을 모른다.

나비가 날아오다가 근처의 다른 곳으로 갈 수도 있고 아예 엉뚱한 곳으로 기수를 돌릴 수도 있을 것이다. 그러나 시인은 그 이후에 있을 일은 몰라도 된다. 과감히 생략하고 차라리 눈을 꼭 감아버린다. 날아오던 나비가 오지 않는다 해도 시인은 지금 충분히 행복하다. 사랑이나 행복의 징조를 바라보는 시인의 마음도 이와 다르지 않을 것이다. 가까이 오는 몸짓만 보고도 감사로 충만해지는 시인에게서 어린아이 같은 순수를 발견하게 된다.

송미란의 작품 가운데 비교적 단시에 속하는 〈나비〉는 세상의 일을 바라보는 시인의 눈길, 욕심 없이 겸손하게 작은 것에 감사하는 삶의 모습을 아주 단적으로 표현하고 있다. 이와 동일한 계열의 시로서 다음과 같은 시를 들 수 있다.

> 빨간 주전자에 물이 끓는다
> 물 한 방울 토라짐 없이
> 와글와글 소리 내어 웃는 오래된 주전자
> 저 웃음소리
> 누군가의 이름을 부르는 것 같기도 하고
> 대답하는 소리와도 같아
> 나도 누군가와 마주 앉아 수다를 떨고 싶다
> -하략-
>
> 　　　　　　　　　　　　　　-〈빨간주전자〉에서

제목이 〈빨간 주전자〉지만 반드시 빨간 주전자일 필요는 없다. 마침 그 색깔이 빨간 색이었을 뿐이다. 그러나 물 한 방울 튀기지 않고 웃으며 끓는 오래된 주전자, 그의 낙천적 웃음소리가 정겹다. '누군가의 이름을 부르는 것 같기도 하고 대답하는 소리와 같아' 시인도 거기 맞추어 함께 수다를 떨고 싶은 귀여운 풍경화이다.

시인은 빨간 주전자에 대한 믿음이나 빨간 주전자에 대한 고마움과 미안함을 단 한 줄도 표현하지 않았는데도 독자에게는 전달되고 있다. 시인은 그 빨간 주전자가 오래 되었음을 밝혔다. 오래 되었는데도 물 한 방울 튀기지 않고 본분을 다하는 고마운 빨간 주전자, 그 와글와글 끓는 소리를 불평하는 소리로 듣거나 공연히 떠드는 소리로 듣지 않고 웃음소리로 들은 건 순전히 시인의 청각이 그렇게 해석했기 때문이다. 그러고 보니 '웃음소리'와 '수다'는 주전자의 빨간색과 아주 잘 어울린다.

　　　　봄비가 목련꽃망울을 깨운다
　　　　참 희한도 하지
　　　　숱한 알약 먹고도 벌렁거리던 내 가슴이
　　　　답답하여 터질 것 같던 마음이
　　　　소리 없이 내리는 봄비에 가라앉은 걸 보면
　　　　어느 침술사가 놓은 침보다 효험이 있어
　　　　눈을 크게 떠서 보라고
　　　　귀를 활짝 열어 보라고
　　　　가슴 문을 밀어 나더러도 꽃 피우라고
　　　　안으로, 안으로 스며드는 소망
　　　　오늘 아침엔 봄비가 내렸다
　　　　목련꽃망울 피우려고
　　　　내 가슴 가라앉히려고
　　　　　　　　　　　　　　　　　　　　　－〈봄비〉

자연과 친화하고 있는 시인의 모습을 볼 수 있다. 봄비는 목련의 꽃망울을 깨워서 피어나게 하지만 내 벌렁거리던 가슴, 답답하여 터질 것 같던 가슴을 오히려 진정하게 한다. 답답하던 내 가슴의 벌렁거림은 그 어떤 약으로도 치유가 불가능하였는데 이상한 일이다. 참 희한한 일이다. 소리 없이 내리는 봄비가 가라앉게 한 것이다.

'눈을 크게 떠서 보라고 귀를 활짝 열어 보라고 가슴 문을 밀어 나더러도 꽃 피우라고' 봄비가 나를 가라앉힌 것이다. 시인은 이토록 봄비와 특별한 관계를 맺고 있다. 봄비는 나를 가라앉혔지만 내면적으로는 봄비가 나를 일깨운 것이다. 시인과 자연과의 교분이 예사롭지 않으니 시인도 목련 꽃망울처럼 깨어날 것이고 꽃을 피울 것임을 예고하고 있다.

마지막 부분의 '오늘 아침엔 봄비가 내렸다' 라는 말이 사물의 이치를 알고 있는 주술사의 주문처럼 힘을 발산할 것 같은 것은 시인과 자연의 가까운 거리가 드리우는 에너지 때문이다. 송미란의 시에서 가장 큰 비중을 차지하는 것은 신앙심을 읊은 시들이다. 그는 독실한 가톨릭 신자로서 겉으로 드러내기를 좋아하지는 않지만 '프란체스카' 라는 영세 명으로 불리는 것을 특히 좋아하는 것 같다.

그가 신앙심을 직접적으로 노정하지 않았을 경우에도 작품의 생성 바탕이나 배경에 깊은 신앙심이 뒷받침되어 있음을 알게 된다. 그의 시에 부단한 사랑과 생명에의 찬양이 표현되고 있는 점이나, 세상의 힘없고 약한 이웃에게 기울이는 그의 특별한 사랑과 눈물이나 헌신적인 협동심도 그 근원은 마르지 않는 신앙의 샘이라고 할 수 있다.

시인 프란체스카는 '오직 '말씀 한 마디' 로 기적을 불러오시는 당신' 을 믿으며, '어제도 오늘도 차마 고백하지 못한 죄 하나' 를 숨기고 눌러 키우고 있는 스스로를 참회하기도 한다. '당신'과 함께라면 두려울 게 없'고, '당신의 이름을 부르면 용기가' 난다고 말하는 신앙의 고백. 힘들어 지쳐 쓰러질 것 같을 때마다 그분을 의지하고 힘을 얻는 송미란은 그분의 사랑을 받기에 충분하다.

시인 송미란은 그가 원하고 있는 대로 '누군가의 눈물을 닦아주는' '다시 웃고 일어설 용기가 되는' 마음을 앞으로도 계속 시로 쓸 것이다. 아름다운 시인 송미란의 시를 읽으면서 내 마음이 많이 정화되었다.

윤수자의 시

윤 수 자 ——————————————

1990년 『동양문학』 신인상, 등단.
시집 『봄물소리 높이 굽이치고 있을 때』, 『내일은 맑을 거야』
YWCA(광주)직업개발부 부장으로 25년간 일했으며(지금은 직업
개발부 위원으로 봉사함)
현재 기픈시문학회 회원, 동명복지관 문예반지도, 노노캐어 책읽
어주기, 시 치유 등의 일을 맡아서 일하고 있다.
2016년 '아시아서석문학 올해의 작품상'을 수상
E-mail:soohyang2@hanmail.net

이미 봄은 와 있다

1.

   나는 윤수자의 시 백 수십 편을 독파하였다. 이들 시를 읽으면서 시인이 시를 써오는 짧지않은 기간의 시적 사유의 변천과 흐름의 맥을 짚어 보았다.
   첫 번째 시집에서는 격정을 다스리고 순치하려는 목울음 같은 절규를, 두 번째 시집에서는 좌정과 관조의 시선으로 터득한 삶의 지혜를 엿볼 수가 있었다. 그것은 연륜과 더불어 시력을 쌓았다는 설명이기도 할 것이다. 그의 시를 관통하는 것은 인간과 인생이다. 그것은 그의 시의 주축인 동시에 자양이다.
   막내삼촌, 와병 중인 친구, 돌보며 키우는 외손자 희범이, 결혼한 후 마흔 몇 해인가를 함께 나이 들어가는 남편, 그리고 시인이 빚을 갚아야 한다고 생각하는 적지 않은 이웃들의 얘기들. 그러나 시인은 거기 몰두하여 애증으로 몸부림하지는 않았다. 거리를 두고 여과하면서 풍경화처럼 바라보고 있다.

윤수자 시인은 시를 쓰기로 마음을 먹고 필기도구를 준비하거나 컴퓨터의 자판을 두드리는 시인이 아니며, 날마다 숨을 쉬듯이 시를 생활하는 시인이다.

그는 밥을 먹거나 잠을 자거나 시와 함께 있고 하루하루의 생활과 생각이 시로 구성될 것이다. 그의 시가 우리 마음에 안겨드는 것은 무엇보다도 육성을 그대로 드러내고 있기 때문이며 인위적으로 장식하거나 손질을 하지 않기 때문일 것이다. 윤수자의 시들은 마치 아침 세수를 하고 나온 얼굴처럼 맑게 들이비친다.

    추적추적
    심심한 아이 떼쓰듯 오는 가을비
    이제 막 흙 속에 들어 선
    마늘조각같이 심드렁하다
    "국밥이라도 한 그릇 할까?"

    그가 빗줄기 사이 정적을 흔들었다
    언제부터 의가 잘 맞은 동무처럼
    도라지꽃 같은 머리를 조아리며
    앞서거니 뒤서거니
    서문시장에 간다
    비가 그치지 않은 길을 투덕투덕 걸어간다
    살아온 날들도 이만큼 으슬으슬 했을까
    빗줄기만큼의 사연이야 누군들 없으랴
    깊이 고인 빗물 쏟듯
    저마다 토해내는 난장
    그 왁자함 속에서
    세상의 그 어떤 것보다도 가장 마땅한 양
    국밥 한 그릇씩 비우고서

> 자반고등어 한손 사 들고
> "내일은 맑을 거야!"
> 스스로 끄덕이며 돌아오는
> 오늘은 마흔 몇 번짼가 되는
> 결혼기념일이다
>
> 　　　　　　　　　　　－〈국밥 한 그릇〉

 "마흔 몇 번짼가 되는 결혼기념일" 마흔한 번이라든가 마흔세 번이라는 숫자가 분명하지 않은 것은 결혼기념일을 기억해야 할 마땅한 이유를 간과하겠다는 것이다. 마흔두 번이면 어떻고 마흔아홉 번이면 어떠냐? 그것은 그리 중요한 것이 아니라는 시인의 잠재의식이 깔려 있다. 추적추적 "심심한 아이 떼쓰듯 오는 가을비"조차 "이제 막 흙 속에 들어선 마늘조각같이 심드렁"한 분위기가 마흔 몇 번째라고 확실하게 제시하기를 거부한다.

 아무튼 그날 내외는 비가 내리는 길을 걷는다. "국밥이라도 한 그릇 할까?" 남편의 목소리가 "빗줄기 사이 정적을 흔들었다". 그냥 집으로 들어가기는 섭섭하지 않느냐고, 더 좋은 음식도 물론 많지만 "국밥이라도 한 그릇 할까?" 묻는 그의 목소리가 시인에게 왈칵 반가운 것도 아니고, 그렇다고 싫은 것도 아니다. "국밥이라도"의 "이라도"라는 조사가 유독 두드러진다.

 "언제부터 의가 잘 맞은 동무처럼/도라지꽃 같은 머리를 조아리며/앞서거니 뒤서거니/서문시장에 간다". 비는 내리고 몸은 으슬으슬하다. "살아온 날들도 이만큼 으슬으슬 했을까" 잠시 떠올렸을 지난날들이 시인의 마음을 쓸쓸하게 한다.

 그러나 이내 시인은 "빗줄기만큼의 사연이야 누군들 없으랴", 삶이란 다 그렇게 으슬으슬하고 쓸쓸한 것이 아니겠는가고 마음을 다스린다.

"세상의 그 어떤 것보다도 가장 마땅한 양", 오늘 같은 날 가장 어울리는 음식은 국밥인 것처럼 "국밥 한 그릇씩 비우고서" 자반고등어 한손 사가지고 오는, 그럭저럭 심심하게 나이 들어가는 부부. 마치 한 장의 리얼한 사진을 보는 것 같다.

"내일은 맑을 거야!" "스스로 끄덕이며 돌아오는" 시인의 발걸음이 가슴을 찡하게 울린다. '내일'이라고 하는 시인의 시간, 내일은 바로 뒷날인 이튿날이 아니라 한계가 정해지지 않은 미래까지도 포괄하는 어느 날이다.

마흔 몇 번째의 결혼기념일을 맞는 부부들은 많지 않다. 그런 일은 아무나 맞이하는 것이 아니지만 예순 번째, 일흔 번째 결혼기념일로 이어지는 맑은 날씨의 시인의 시간을 위하여 손을 모으고 싶은 마음이다.

> 산천을 싸돌던 구름 돌아와
> 잔잔한 강물 위에 떡을 감듯
> 막내 삼촌도 지치면 돌아와
> 고향 강물에 몸을 씻었다
> 어느 해 봄
> 눈이 크고 매화꽃처럼 몸이 작은 서울여자를
> 데려다 골방에 숨겨 놓고서
> 쌀 몇 가마 달라고 졸라댔었다
> 멀쩡한 처자식 줄줄이 가지런한 막내삼촌
> 그해 겨울 매화꽃 같던 여자 떠나고
> 꿩도 먹지 않는 약을 마시고

곳간 쌀가마 밑에서 세상을 버린 삼촌

　　동네 애들 모아 놓고 곧잘 마술도 보여주며 신명을 내더니
　　서울바람 쐬고 바람이 들어
　　대나무 마디보다 거친 손 헝클어진 주제꼴
　　조강지처 싫다면서도
　　바람처럼 드나들며 아기만 만들던
　　마을 앞 장승만도 못하던 지아비
　　깡촌에서 바라보면 아련한 꿈
　　막내 삼촌 헐렁한 서른여덟 살

　　　　　　　　　　　　　　　　－〈막내삼촌〉

　윤수자 시인은 첫 시집에서도 서사적인 시가 특별한 광채를 보였었다.
　춘정댁이라는 택호를 가진 시인의 어머니가, 아들을 낳지 못하는 죄를 뒤집어쓰고 자신의 남편인 동시에 시인의 아버지인 사람을 통크게 장가보내던 일. 어머니가 바보처럼 보였고, 그 엄청난 일을 못 이기는 척 받아들이던 아버지가 밉고 원망스러웠을 것이다. 그런 일을 뒤돌아보는 윤수자는 절망과 슬픔에 차 있었다.
　지능이 낮은 동네의 여자 "순한예"가 똑같이 지능이 모자란 신랑을 만나 아이를 낳았지만 그 아이를 잃고 동네 방죽에 몸을 던진 얘기도 생생한 서사였다. 윤수자 시인에게는 하고 싶은 얘기가 많은 것 같다. 그 얘기들은 수식과 장치가 없이 그대로 한 편의 서사시가 되어 나오기도 한다.
　위의 시 〈막내삼촌〉 역시 서사적 성격이 두드러진 시이다. 막내삼촌은 마치 동네의 어린애들을 그 앞에 모아 마술을 보여주고 희한한

도회지의 얘기를 들려주듯 독자를 끌어들이는 매력을 가지고 있다.

그것은 아마도 막내삼촌이 특정한 어떤 시인의 막내삼촌으로만 머물지 않기 때문일 것이다. 우리들의 수많은 막내삼촌들도 마음은 하늘 위를 달려 육지백판이지만 현실이 매정하여서 아무런 대책도 없이 유폐된 존재로 사라지기도 하였다.

걸핏하면 가출했다가 도회바람이 묻어 들어온 삼촌은 일구덩이에 소처럼 엎드려 있는 조강지처가 더욱 한심스러워 보였다. 어떻게 살겠다는 아무 계획도 심판도 없이 "눈이 크고 매화꽃처럼 몸이 작은 서울여자"를 끌고 들어왔다가 다시 허랑하게 흐느적거릴 밑천을 뜯어가기도 하던 삼촌. 그러나 "꿩도 먹지 않는" 꿩 잡는 약을 마시고 "곳간 쌀가마 밑에서 세상을 버린 삼촌", 아련한 꿈만 꾸던 "헐렁한 서른여덟 살"의 막내삼촌이 동네마다 하나씩은 있을 것이다.

2.

현대시에서의 자연은 보잘것없는 존재로 폄하되었다. 인간의 영역이 넓어지면서 자연의 위력이 역비례로 약화된 것이다. 현대적 자연을 비정적 자연이라 하는 것도 인간과 자연 사이에 유정한 교류가 없이 자연은 자연, 인간은 인간으로 분리된 자연, 독립된 자연이 되었기 때문이다.

윤수자의 자연은 대자연이란 개념으로 흡수한 포괄적인 의미의 자연이 아니다. 시인 자신이 개별적으로 발견한 구체적이고도 특수한 자연이다.

어느 날
강물 따라 걷고 있을 때
산이 슬며시 강을 건너 내게 다가와
"따라 갈래?" 물었네
내가 뒤돌아서 그에게 가까이 갔더니
산은 먼 곳을 보는 듯 시치미 떼고
다시 걷다가 뒤돌아보았을 때 그제야
무슨 말을 꺼낼 듯 말 듯
부처 같은 미소로 물끄러미 날 바라보았네
"난 승정원일기만큼 자세한 역사를 품고 있어
사람들은 비밀조차 내 가슴팍에 숟가락 째 천년을 묻어두지
그런데 수자야! 나도 이대로 강처럼 흘러가 보고 싶어
끝 간 데 없이" 하였네
산아! 외로워?
나는 이 말을 끝내 묻지 못했네
―〈산아, 외로워?〉

그는 자연이 초능력을 가진 거대한 것이라고 생각하지 않는다. 따라서 자연을 숭상하거나 거기 의지하여 예배하지 않는다. "산아 푸른 산아 철철철 흐르듯 짙푸른 산아"(박두진의 〈청산도〉)라고 예찬하거나 "산은 사람과 친하고 싶어서 기슭을 끌고 마을에 들어오다가도 사람 사는 꼴이 어수선하면 달팽이처럼 대가리를 들고 슬슬 기어서 도루 험한 봉우리로 간다"(김광섭의 〈산〉)고 인간의 영역에 쫓기는 왜소한 자연을 읊지도 않았다.

윤수자 시인은 자연이 인간과 우정을 나눌 수 있는 친근한 협력자로 생각한다. 그러면서도 그는 자연과 아무리 도타운 우정을 나눌지라도, 그 우정의 깊이만큼 자연을 존귀하게 여기고 인간보다 믿을 수

있는 존재로 받아들였다.

위의 시에서 시인이 "산아, 외로워?"라고 묻고 싶었지만 끝내 묻지 못한 것은 산의 마지막 자존심을 소중하게 지켜주고 싶었기 때문이다. "사람들은 비밀조차 내 가슴팍에 숟가락 째 천년을 묻어두지"라는 것은 "승정원일기만큼 자세한 역사를 품고 있"는 산의 긍지이며 자랑일 것이다. 그러나 산은 "그런데 수자야! 나도 이대로 강처럼 흘러가 보고 싶어 끝간 데 없이"라고 시인에게 실토한다. 위신을 지키는 일보다 진실을 나누고 싶은 산이다.

거대한 산이 다가와 속말을 털어놓고 얘기할 수 있는 대상, 유수자는 산의 말을 들어주고 외로움을 나누어 가질 수 있는 넉넉한 가슴을 지니고 있다. 그러면서도 시인은 상대방의 세계를 훼손시키지 않으려고 한다. 이것이 자연뿐 아니라 인간과 사물에 기울이는 윤수자의 사랑법일 것이다.

> 물처럼 살고 싶다
> 마음을 눕히고 굽이 따라 그렇게
>
> 바람과 별과 구름과 나란히
> 쉬지 않고, 쉬지 않고 흐르고 싶다
> 거친 바윗돌, 성난 파도
> 에돌아 어루만지며
> 시나브로, 시나브로 흘러가고 싶다
> 참으로 오랜만에
> 감추어 두었던 물문을 열고
> 그리운 이름들 하나씩 불러
> 설움을 하나씩 던져버리고

희망 하나만 끝끝내 남겨두었다가
기슭에 닿으면 나무들과 나누려고

물이 되어 천천히
물처럼 살고 싶다

-〈물이 되어〉

 시인은 자연에 의지하여 숭배하거나 거기 복종하지는 않지만 자연에서 배우고, 그 순리적 순환을 지혜로 받아들이고 있다. 시인은 "물이 되어 천천히 물처럼 살고 싶다"고 하였다. 그리고 물처럼 살기 위해서 우선 마음을 순하게 눕히고 굽이 따라 함께 돌아야 한다는 것을 전제 조건으로 제시하였다. 시인은 물처럼 사는 것이 결코 쉬운 일이 아니라는 것을 알고 있는 것이다. 그것은 "바람과 별과 구름과 나란히" 흐르는 고고성, "쉬지 않고 흐르"는 지속성, 그리고 "거친 바윗돌, 성난 파도 에돌아 어루만지"는 유연성까지 배우고 받아들여야 하는 일이기도 하다.
 그러나 시인은 겉으로 노출하지 않았을 뿐 자신의 내면에 이미 흘러갈 강 하나를 마련해 두고 있다. 그는 가끔 "감추어 두었던 물문을 열고 그리운 이름들 하나씩" 불러내기도 하고 묵은 "설움은 하나씩 던져버"리기도 한다.
 윤수자 시인은 〈강가에 앉아〉에서도 "그래 알았어, 순하게 고개 끄덕일 걸/ 그래 그렇게 할게, 마음 맑게 비울 걸/그랬구나, 힘들지? 보듬어 등을 쓸고/ 눈물 닦아 줄 걸" 말없이 흐르는 강물을 들여다보면서 인간세상에서 입은 상처와 아픔을 치유한다. "마음이 어지러운 날이면" 그는 "깊은 역사가 되어 흘러가는 강"가에 앉는다.

산과 속마음을 나누고 강물처럼 흐르면서 살고 싶은 시인은 순환하는 계절에 민감하다. 계절은 그 자체가 자연이면서 그 안에 무수한 보고를 품고 있다. 계절은 움직이고 변화하는 자연이다.

윤수자의 시에 시간을 구획하는 계절의 명칭이 배경을 마련하듯이 빈번하게 노정되어 있는 것도, 그중에 유난히 겨울과 봄의 이미지가 두드러지게 많은 것도 우연한 일은 아니다.

봄은 역시 기특하고 반갑다. "그렇게 독한 추위를 치르고서도/그렇게 힘든 가난을 만나고도/세찬 물굽이 바람굽이 벼락 속을 지나서"(〈네게 박수를 보낸다〉) 어김없이 돌아온 봄을 시인은 환영하면서 박수를 보낸다. 봄은 가난을 이기고 고난을 이겨낸 승리의 상징인 것이다.

겨울은 반드시 극복해야 할 어려움인 동시에 장애 요소지만 시인은 겨울이 있기 때문에 살아야 할 이유가 뚜렷해지며, 삶의 목표가 뚜렷함으로써 비상한 생명력을 발휘하게 된다. 시인이 맞닥뜨리는 겨울이 분명 어려움이며 장애임에도 시인 앞에서는 대단한 위력을 발휘하지 못한다.

계절은 반드시 지나가기로 되어 있으며 어떤 고난과 절망도 영원하지는 않을 것이기 때문이다. 그리고 "얻은 것이 있으면 당연히 잃은 것도 있을 터/다 좋은 것도 다 나쁜 것도 없는 세상살이"(〈대숲마을 풍경화 4〉)에 통달해 있기 때문이기도 하다.

> 후두둑 삭은 나무 부러지는 소리를 내는 내 무르팍
> 내 무르팍 같은 겨울이 왔다
> 내가 할 일은 질화로에 자지러드는
> 심지 솔솔 돋아 여문 밤톨 하나 익히는 일

이 겨우내 나를 숨 쉬게 할 빛살 하나
시를 쓰는 일이다

봄 강물 위에 햇빛 쏟아지고
씨알 품은 가을 들녘을 지나
싹 틔울 준비로 분주한 이 겨울에
나도 젊음의 혼돈과 장년의 질곡을 지나
칠년 가뭄 속 소나기를 기다리듯
눈물 나게 아름다운 시 한 줄
겸손히 써보고 싶은 것이다

얼음장 밑으로 숨어숨어 봄이 오듯 그렇게
내 일흔의 겨울을 조용히 지나가고 싶은 것이다
―〈겨울나기〉

"내 무르팍 같은 겨울", 앉았다가 일어날 때마다 "후두둑 삭은 나무 부러지는 소리를 내는 무르팍" 같은 겨울. 자신의 무릎을 겨울 삭정이로 은유한 시인은 아직 없을 것 같다. '겨울은 내 무르팍 같다'라고 하든지, '내 무르팍은 겨울 같다'라고 하든지, 비유를 할 때 원관념으로든 보조관념으로든 신체의 어떤 부분을 동원하면 매우 감각적인 표현이 된다.

무릎은 후두둑 소리만 나는 게 아니라 아픔을 동반할 것이며, 겨울은 삭은 나무 삭정이만 부러뜨리지 않고 삭풍과 한파를 몰아올 것이다.

그러나 시인은 추운 겨울과 아픈 무릎만을 원망하지 않고 "질화로에 자지러드는/심지 솔솔 돋아 여문 밤톨 하나 익히는 일", 겨우내 그를 숨 쉬게 할 광명 하나는 "시를 쓰는 일"이라고 하였다. 겨울이 봄 강물을 지나 가을 들녘을 지나 오늘에 이르렀듯이 "나도 젊음의 혼돈과 장년의 질곡을 지나"왔다. 얼음장 밑으로 봄이 숨어서 오듯이 "내일흔의 겨울"을 질화로의 여문 밤톨처럼 익혀야 한다고 생각하는 시인의 겨울은 겨울대로 분주하다.

> 구름이 사진을 찍는다
> 구름은 세계 제일의 여행가
> 산딸나무꽃 안개처럼 떠 있는 봄 산
> 버짐처럼 퍼지며 보여 주는 그림책
> 아기를 안고 창가에 앉아 읽어 줘야지
> 참 다행이네
>
> 나무들이 악수를 한다, 반가워
> 겨울을 잘 버텨냈구나
> 꽃들이 서로 껴안는다, 잘했어
> 얼어붙은 땅을 뚫고 나왔구나
> 잠시 현기증으로 비틀거렸지만
> 아주 응달은 아냐, 참 다행이네
>
> —〈참 다행이네〉

끊임없이 떠다니며 여행하는 구름의 시각으로 봄날의 나무와 꽃들의 대화를 엮었다. "산딸나무꽃 안개처럼 떠 있" 봄 산은 따스한 기온이 "버짐처럼" 퍼져 있고 그것은 마치 그림책 같다. 시인은 창가에 앉아 그 그림책을 아기에게 보여주고 싶다. 봄날과 어린 아기는 신선하고 어리다는 공통점으로 묶어도 좋을 것이다.

시인이 아기에게 보여주고 싶은 것은 긴 겨울을 잘 버텨낸 산의 나무와 꽃들이며, 서로 "잘했어" 칭찬하고 격려하는 모습이다. 그도 "얼어붙은 땅을 뚫고 나"온 대견한 생명들을 칭찬하며 축하하고 싶다.

설령 지금 잠시의 현기증으로 비틀거릴지라도 그들은 눈을 떴으며, 서 있는 자리가 좀 어색할지라도 그것 때문에 불만스러워하지는 않는다. "아주 응달은 아냐, 참 다행이네"라고 마음을 추스르고 있는 생명들이 가상하다.

우리들은 일상생활에서 "참 다행이네"라는 말을 빈번하게 쓰고 있다. "다치지 않아서 다행이네", "많이 상하지 않아서 다행이네", "그만하기 다행이네", "목숨을 건졌으니 다행이네". 살았으면 말할 것 없지만 죽었을 경우에도, "오래 고통을 겪지 않고 갔으니 다행이네."라고 한다. 이런 모습이 대책 없는 낙관주의에서 오는 것은 아니다.

3.

윤수자 시인은 차례로 하나씩 던져버리고, 잊어버리고, 어쩔 수 없는 것은 참아버리지만 마지막 '희망' 만은 남겨둔다. 설령 자신의 의지와는 무관하게 불리한 환경조건이 주어졌을지라도 스스로 참견할 수 없는 그 절대적 힘을 인정하고 겸허하게 순응하는 것이다. 그가 던지는 "다행이네"라는 말 속에는 감사의 마음과 동시에 배당된 분량의 어려움을 능히 짊어지겠다는 각오, 그리고 희망을 버리지 않겠다는 의지가 들어있는 것이다.

시인이 그 희망으로 도모하고 싶은 것은 강기슭의 나무와 그 빛을 나누는 일이다. "희망"은 윤수자 시인에게 삶의 끝자리까지 함께 가야할 최후의 보루이며, 인생 그 자체이다. 윤수자 시인은 첫 시집에서부터 희망을 부단히 움켜쥐고 달려왔다. 희망의 최측근에는 절망이 있고 밝음의 곁에는 어둠이 있다는 것을 그는 부정하지 않는다. 희망을 살리기 위하여 그가 얼마나 절망했으며 밝음을 지키기 위하여 얼마나 어둠과 싸워야 했는가를 독자들은 이미 알고 있으며 그것이 윤수자 시의 절대가치라고 인정할 것이다.

    길을 가다 우연히
    유리창에 어리는 얼굴 하나 보았네
    노리끼리 무심한 모습
    가슴 철렁하여 뒷발걸음 하였네

    언젠가 삶은 햇살이라고 힘주어 말하던
    언젠가 삶은 희망이라고 용기를 주던
    낯익은 그 얼굴

    오늘은
    그리움 물씬거리는 손을 흔들며
    쇼윈도 유리창에 어른대는 여자

    언제 보아도 서성거리는 여자
    언제 보아도 까닭 없이 마음 아픈 여자
    가슴 철렁하여 뒷발걸음 하였네

    아직도 희망을 후렴처럼 외우고 섰는
    이만하면 됐다고 아슴푸레 웃고 있는

> 바로 그 여자
>
> －〈그 여자〉

  우리는 길을 가다가도 문득 쇼윈도에 비친 자신의 모습을 바라볼 때가 있다. 그러나 왜 그렇게 마뜩치 않을까. 우리는 정직하게 투영된 자기 모습이 언제나 마음에 들지 않는다. 각자는 실제의 모습과는 엉뚱하게 다른 모습을 마음속에 묻고 살아가는 것이다.

  정직하게 보여주는 거울 속의 자기 모습은 가슴을 철렁하게도 하고 부끄럽게도 한다. 저것이 나란 말인가, 왜 저렇게 변해 있는가, "언제 보아도 까닭 없이 마음 아픈" 존재이다. 절망하게 하고 수치스럽게 하는 "그 여자"는 오래 전부터 "삶은 햇살이라고 힘주어 말하"였고 "삶은 희망이라고 용기를 주"었었다. "이만하면 됐다고 아슴푸레 웃"으면서 대책도 없이 만족한 상태를 가장하는 "바로 그 여자" 때문에, 쓸쓸한 연민이 밀려오는 거리에서 뒷걸음하며 그가 생각한 것은 무엇인가.

  잘 참는 윤수자 시인은 또 기다림의 명수이기도 하다. 그는 일 년 열두 달 기다린다. 강 언덕 얼음 속에 복수초 필 때부터, "그렇게 바빠 절룸거리며 오지 말게 / 그렇게 서두르는 얼굴로 오지 말게 / 어쨌건 그대는 4월이 아닌가"(〈4월에게〉)라며 긴 봄을 누린다. 그리고 가뭄의 둔덕 흐드러진 개망초의 여름을 건너(〈그리움을 넘어가네〉), "썰물 웅덩이에서 밀물 기다리고/개펄 물고기 같이 희망으로/훌훌 날아오르고 싶"(〈가을이니까〉)은 가을까지 그는 기다리면서 그 여자가 일러준 희망을 되씹는다.

  인간과 자연을 바라보는 윤수자의 시선은 우애에 차 있으며, 거기 함께 동화하고 침잠한 지혜는 광채를 띤다. 시인은 이제 살아내는 일에 초월적인 단안을 내렸을까, 버리고 떠나보낸 다음 '우리 부디 슬프지는 말기'를 권유하는 시인의 목소리에 따뜻한 위로와 격려가 담겨 있을 뿐 아무런 회의도 불안도 염려도 없다.

나는 입이 없습니다
나는 눈도 멀었습니다
나는 귀까지 먹었습니다

씨방만 싸락싸락 눈 쌓이는 소리로 살아서
삼남매를 차례로 받았습니다
키운 것은 절대로 내가 아닙니다
햇빛과
강물과
시입니다

햇빛은 땀 흘릴 터전을 마련해 주고
강물은 그리운 사람들을 실어 오고
시는 목숨의 자양분이 되었습니다

걸어온 발자국 속엔
내 몸을 소리 없이 밀어붙이고
자빠지면 딛고 지나가던 모진 바람도 있었으나
마음의 대자보에는 일일이 열거하지 못했습니다

분명 바보라고 흉볼 사람도 있을 것입니다만
나 또한 나도 모르게
누구의 몸을 밀어붙이고 딛고
지났을 것 같습니다

눈멀고 귀먹고 입 없는 이를 찾아
희망이 되고 싶습니다

다만 내 몸에게 미안할 뿐입니다
귀하다 아끼자는 말은 구호로만 모셔 두고
소처럼 부렸기에 황송할 뿐입니다

—〈고백합니다〉

스스로에게 이르는 고백이다.

눈멀고 귀먹어 말없이 살아온 삶의 궤적이 때로는 스스로에게 미안하지만 "씨방만 싸락싸락 눈 쌓이는 소리로 살아서/삼남매를 차례로 받았습니다"라는 표현에서 "눈 쌓이는 소리로 살아서"라 한 것은 순결무구한 생명임을 강조한 말일까, 지순한 하늘의 명령을 은유한 것일까, 잠시 생각하게 한다. 어쨌건 삼남매를 낳아 훌륭히 길렀으니 그의 큰 보람이고 업적이라고 할 만하다.

그러나 시인은 그들을 자신이 키우지 않았노라고 강조한다. "햇빛은 땀 흘릴 터전을 마련해 주고/강물은 그리운 사람들을 실어 오고/시는 목숨의 자양분이 되"어서 길러 주었다고. 시인은 자식이 하늘이 키운 나무의 열매처럼 자랐고 자연의 법도에 어긋나지 않게 자랐음을 말하고 싶었으리라. 그리고 거기 어미의 기도인 시詩가 힘을 합하여 이룬 것임을 강조하고 싶었으리라.

돌아다보면 "걸어온 발자국 속엔/내 몸을 소리 없이 밀어붙이고/자빠지면 딛고 지나가던 모진 바람도 있었으나" 시인은 그것을 "마음의 대자보에 일일이 열거하"고 싶지 않다. 돌아다보면 "나 또한 나도 모르게/누구의 몸을 밀어붙이고 딛고/지났을 것만 같아서"이다. 이 시는 자신에게 고백하는 형식을 취하고 있으면서도 단순히 고백에 머물지 않고 각오를 천명한다. 세상에는 자신처럼 눈멀고 귀먹어 사는 사람도 많을 것이니 그들에게 희망이 되겠다는 다짐이다. 겉으로는 귀한 몸이라고 구호처럼 외지만 아끼지 않고 소처럼 부린 몸, 자신의 몸에게 미안한 시인이다.

> 은하수가 가슴 속으로 흘러 들어오는 소리
> 언덕에 올라 바람이 몰고 다니는 구름을 만져보고 싶다
>
> 키 큰 나무들과 작은 꽃잎들에게 묶어서 술이 된 속말을 나누고
> 강물 위를 날아가는 물새들 이름을 불러보고 싶다
>
> 가슴 아픈 사람 만나면 그저 가만히 등을 쓸어주고
> 사랑하는 사람의 등에 머리를 기대어 심장의 고동소리를 듣고 싶다
> 왼쪽에서 들은 말 가슴 속 깊이 넣고
> 오른쪽에서 들은 말 끄덕끄덕 잊어버리고
> 그것이 사랑이건 노동이건 글을 쓰는 일이건
> 아무리 힘들어도 노래와 그리움과 기다림을 잊지 않는 일
>
> 아주 밝지도 어둡지도 않은
> 봄날 새싹 같은 연두색으로 마음을 물들이고 싶다
> 연두색 바탕에 어울리는 꽃 한 송이 피우고 싶다
> 　　　　　　　　　　　　　　　　　　－〈나의 소망은〉

시인은 자신의 몸을 별자리로 삼고 싶다. 밤하늘의 은하수와 한데 어우러지는 가슴, 얼마나 거대한 포부인가. 알고 보니 그는 은근히 야심가다. "은하수가 가슴 속으로 흘러 들어오는 소리"를 듣고 싶다 함은 순환하는 우주에 동화되고 싶다는 마음이며, "언덕에 올라 바람

이 몰고 다니는 구름을 만져보고 싶"다 함은 세속의 번잡을 떠나 비상하고 싶은 소망의 표현일 것이다.

"키 큰 나무와 작은 꽃들", 즉 지상의 모든 나무와 초목과 꽃들과 "묵어서 술이 된 속말을 나누고", "강물 위를 날아가는 물새들 이름을 불러" 모으고 싶어 하는 시인 윤수자.

사람들과 어울리되 듣고도 잊을 말은 잊어버리고, 될 수만 있다면 그렇다고 끄덕이고 싶은 마음. 무슨 일을 하건 어떤 질곡 속에서도 그리움과 기다림은 잊어버리지 않겠다는 다짐. 한결같지 않아서 믿을 수 없다던 "사람"을 향한 소망 하나. 그는 "사랑하는 이의 등에 머리를 기대고 심장의 고동소리를 듣고 싶다." 필자는 왜 이 대목에서 자꾸 슬퍼지려고 하는지 모르겠다. 그것은 쉬운 일 같지만 그리 쉬운 일도 아니다.

그는 누가 자기에게 색깔을 준다면 너무 밝거나 어둡지 않은, 봄날 새싹 같은 연한 연두색, 그 색으로 마음을 물들이고 싶다고 한다. 그리고 그 연두색 바탕에 어울리는 한 송이 꽃을 피우고 싶어 한다. 그것은 아마 희망의 꽃일 것이다. 그러나 시인은 다른 어떤 일보다 우선, 가슴 아픈 사람 만나면 말없이 가만히 등을 쓸어주고 싶다. 그러나 윤수자 시인은 그런 일로 구태여 고민할 필요가 없다. 그는 이미 충분히 그렇게 살고 있으니까.

강 언덕 얼음 속에/복수초는 노란 촛불을 켜들고//빼꼼히 실눈 뜨며 부푸는/산수유와 생강 꽃//제 향기를 아는지/그윽한 매화//버들가지 비비대 비비대/다 벙글었구나//사람은 일마다 변덕스럽고/너희들은 순리를 어긴 적 없다(〈우수 지나 열흘째〉)

우수를 지나고 열흘째, 닷새만 기다리면 경칩이니 사실 이미 봄은

와 있다. 참고 견디기 얼마나 잘했는가. 혹독한 겨울 추위를 이겨내면서 끝까지 희망 하나를 비상처럼 품어온 윤수자 시인. "참 다행이네", 순리를 어기지 않는 하늘의 뜻을 바라며 "참기로 했어" 다짐하더니 정말 잘했다.

윤수자 시인! 그 누구의 봄보다 아름다울 당신의 봄날을 환호하며 축하한다.

윤준경의 시

윤 준 경 ───────

1994년 『한맥문학』, 『교자문원』 신인상, 등단.
시집 『나 그래도 꽤 괜찮은 여잡니다』, 『다리 위에서의 짧은 명상』, 『새의 습성』, 『시와 연애의 무용론』
현재 공간시낭독회 상임시인, 도봉문학회 부회장, 두레문학회, 산림문학회, 한국가곡작사가협회 회원, 아태문인협회 부이사장, 다시올문학 편집이사로 활동.
 E-mail:june7590@naver.com

시 같은 연애와 연애 같은 시

　윤준경 시인이 『시와 연애의 무용론』이라는 제목을 붙여 네 번째 시집을 펴냈다.
　『시와 연애의 무용론』. 시와 연애에 도사가 된 듯 자신만만한 제목은 시집의 내용들이 심상치 않을 것임을 예견하게 한다. 무용론을 거론하기까지 '시'와 '연애'에 몰두했겠지. 그렇지 않고서야 어찌 과감하게 무용론을 들고 나올 수 있겠는가. 한편으로는 부럽기도 하고 또 한편으로는 감히 근접하기 어렵겠다는 조심성이 들기도 한다.
　그 열정의 지극함과 치열성에 대하여, 그 궁극에서의 처절한 절망에 대하여, 그리고 단호한 선언에 이르기까지의 번민과 결심에 대하여 엄숙한 마음으로 귀를 기울이고 싶다. 아마도 그는 시와 연애의 무용론을 선포한 이 시집에서부터, 시와 연애에서 등을 돌리든지 다시 부활하듯 새로운 힘을 얻든지 양단간에 결정이 나지 않을까 짐작하면서….
　사람이 사람을 왜 믿게 되었는지에 대해서 설명한다는 것은 매우 어려운 일이다. 윤준경 시인과 따로 만나서 오붓하게 차 한 잔 마실 여유도 없었지만 오랜 지기처럼 생각하며 믿은 것은 서로의 시를 읽었다는 이유뿐이다. 문학으로 사람을 안다는 것은 바로 이런 것이구나 생각하게 한다.

윤준경 시인을 보고 있으면 에너지를 전달 받는 것 같다. 그만큼 그는 역동적이어서 빨리 결심하고 그 결심을 실행으로 옮기는 일에도 빠르다. 그는 이 시간 무슨 일을 도모하고 있을까? 나는 그에게서 완전 쉼표가 없는 진행형을 읽는다. 정지해 있을 때도 그것은 정지가 아니라 잠시 쉬고 있을 뿐이며 도약을 위한 숨고르기일 것이라고 생각하곤 는 것이다.

나는 마음을 차분히 가라앉히고 그의 시들을 읽어 내려갔다.

    침묵은 꽤 오랜 시간
    유리파편 위를 걸었다
    폐허의 블랙홀로 빨려드는 탁류처럼
    검고 냄새나는 침묵

    침묵은 깨지지 않고
    우리의 데이트는 싱거운 듯 끝났다

    침묵은 금이라는데
    침묵은 칼이고 오만이고
    돌이킬 수 없는 단절의 신호다

    유리파편 위에 쓰러지는
    쓸쓸한 분노

    금이라는 말의

반대의 의미들을 수집하며
돌아서는 길

인생은 가끔 헛발질에도 넘어진다
허공을 짚고 일어서는 것도
인생에 대한 예의라서
휘청거리는 예의에
독한 모르핀을 주사한다

─〈침묵의 칼〉

"침묵은 꽤 오랜 시간/유리파편 위를 걸었다"로 시작되는 시 〈침묵의 칼〉은, 걷고 있는 주체가 누구인가를 생각하게 한다. 문맥상으로 볼 때 "침묵"은 "걸었다"로 이어지는 것이 틀림없어야 하지만 그 뒤에 이어지는 "폐허의 블랙홀로 빨려드는 탁류처럼/검고 냄새나는 침묵"에 이르는 과정이 안이한 이해의 흐름을 허락하지 않기 때문이다.

이 시의 화자는 터질 듯한 답답함을 견디면서 "꽤 오랜 시간" "유리파편 위를" 걷듯 불안한 마음으로 침묵의 위를 걸었을 것이라고, 그러면서 "블랙홀로 빨려드는 탁류처럼 검고 냄새나는 침묵"의 실체를 체득했을 것이라고 파악하고 싶은 것이다. 시가 문맥으로 이해하는 것인가, 문맥 이전의, 문맥 이후의 잠재된 정서와 정황을 파악하는 것이 아닌가. 침묵이 아니라 시의 화자인 내가 "꽤 오랜 시간 유리 파편" 같은 침묵의 위를 걸으면서 스스로 침묵의 일부가 된 것이다. 윤준경의 시에서는 스스로 일어서는 아픈 반전을 만난다.

침묵 위를 걸으면서 화자가 직감한 것은 답답하고 아슬아슬 위험하고 "냄새나는 침묵"이었다. 화자는 후각으로 냄새를 느끼지 않고 지각으로 알아챘다. "냄새가 난다"함은 예감이며 조짐이다. 불길하고 불온하며 불쾌한 예감, "폐허의 블랙홀로 빨려드는 탁류" 같은 예감이다.

  누가 침묵을 금이라고 했는가. 침묵은 칼이고 오만이며 단절이 아니겠는가. 침묵은 거절이며 배신이며 도주가 아니겠는가. 화자는 침묵이 금이라는 종래의 말을 뒤집을 만한 그 반대 의미들을 수집하며 돌아서지만 그게 어떤 것인지는 밝히지 않았다. 침묵이 깨지지 않은 채 싱겁게 끝난 데이트에 휘청거리면서 화자는, "인생은 가끔 헛발질에도 넘어진다"고 스스로를 위로한다. 그리고 "허공을 짚고 일어서는 것도 인생에 대한 예의"라며 자신의 존엄성을 추스른다.

  그러나 그 예의가 느낄 통증에 대비하여 독한 진통제(모르핀)를 주사하는 화자의 돌올한 고독이 아프게 전달된다. 그는 침묵의 블랙홀에서 의연하게 일어서는 도도함과 분명함으로, 결단과 자존으로, 전혀 쓸쓸하지 않게 존재를 천명하고 있는 것이다.

  시적 화자는 이후로도 조급하게 굴지 않을 것이다. 그는 진득하니 기다릴 것이다. 다음의 시 〈2부〉가 말해주듯이.

> 1부가 끝나고
> 관객들이 우르르 출구로 몰려나간 뒤에도
> 나는 앉아 있었네
> 나와 몇몇 사람은 2부를 기다렸네
> 얼만큼의 시간이 지나자
> 사람들은 하나 둘 또 출구로 갔네
>
> 나는 기다렸네,
> 기다림은 약간의 인내와 침묵과 교양을 요하는 것

뜨거운 차를 후루룩 마시지 않고
살짝 입술로 핥아 음미하듯
기다린 보람처럼
당연히 2부가 열릴 것이네, 분명히
2부는 있을 것이네
(그건 연극의 뻔한 기획이니까)
여유 있게, 조급하지 않은 듯
미소를 머금고

기다린 2부는,
없었네
어이없다는 듯 사람들, 그러나 잘못 된 상식을 감추려는 듯
꼿꼿이 버틴 자존심으로
출구를 찾았네

나의 새로 산 코트는 구겨져서 펴지지 않았네
믿었던 2부는 나타나지 않고
설명도 없이 막이 내렸네
'2부는……?'
'2부는……?'
아무도 말해주지 않았네

-〈2부〉 전문

 관객 중에는 1부만으로도 별 유감없이 출구로 몰려가는 사람들도 있을 것이다. 그러나 1부가 끝난 다음에 2부를 기다리는 사람들은 많다. "기다림에는 약간의 인내와 침묵과 교양을 요하는 것"이므로 화자는 점잖게 기다리면서 계속될 다음 장을 믿었다. 그 기다림의 보람이 응당 2부를 데리고 올 것이라고, 싱겁게 끝난 1부를 보상하듯이 2

부는 당연히 있어야 하며 분명히 있을 것이라고. 그러나 조급하지 않은 듯 여유 있게 미소까지 머금고 기다렸던 결과는 상식 밖으로 마무리 되었다.

　새로 산 코트는 구겨져서 펴지지 않고, 막은 아무 해설도 설명도 없이 내려지더니 다시 올라가지 않고, "2부는? 2부는?" 물었지만 아무도 말해주지 않는 허망함, 아니 절망감. 화자는 지금까지 버틴 자존심으로 꼿꼿하게 출구를 찾는다. 2부가 있으리라는 것은 선명하고 확실한 상식이다. 삶이 제대로 풀리지 않아 아프고 답답할 때 우리가 완전히 포기하지 않은 것은 2부가 있을 것을 믿었기 때문이다. 지금까지 얼마나 여러 번 얼마나 무자비하게 현실은 우리를 배신했던가?

　날마다 맞닥뜨리는 일들은 흐름을 멈춘 듯이 역류하고, 애인은 변심하여 떠나버렸을 때, 최선을 다하여 1부를 견딘 우리의 선한 주인공이 낙담과 절망 가운데 어찌할 바를 모르고 허덕일 때, 우리는 그의 귀에 속삭였다. "걱정하지 말아요. 2부가 있어요." 그러나 한 번 내린 막은 올라갈 기미가 보이지 않는다. 어째서 이런 일이 가능하단 말인가. 이게 말이 되는가? 아무리 슬픈 소설도 "다음호에 계속"이라는 말로 우리의 가슴을 쓸어내리게 하였거늘, 2부가 없는 인생이 제대로 된 인생인가? 화자는 무너지지 않고 점잖게 일어서서 출구를 찾았지만 그의 가슴의 노여움은 격랑처럼 솟구친다.

　시인 윤준경에게는 쌓여있는 말이 밀물 같고 폭풍 같아서, 숨을 고르고 리듬을 정리할 겨를이 없다. 그는 다소 거칠게 들릴지라도 돌연하게 처음 선택했던 방향을 향해 직진한다. 시에서는 천연의 모습 그대로를 표현함으로써 자연스러움과 진실성에 가까워진다는 것을, 인위적인 수식이나 오랜 시간의 작위적 수식은 본질을 왜곡하기 쉽다는 것을 알고 있기 때문인가 보다. 우선 그에게는 의도적인 포장으로 품격을 높이려 하거나 위세를 보이고 싶은 마음이 없다.

  다음과 같은 시 역시 그렇다.

> 나는 나를 늘 싸게 팔았다
> 아예 마이너스로 치부해 버렸다
> 내세울 게 없는 집안이라고 어머니는 말씀하셨고
> 나는 그 말에 육십년이나 절었다
> 그래서 나의 액면가는 낮을 수밖에 없고
> 때로 누가 나에게 제 값을 쳐주면
> 정색을 하며 다시 깎아내리곤 했다
> 자신의 액면가를 곧잘 높여 부르는 이들도 있는데
> 겉으로는 끄덕끄덕하면서도
> 속으로는 씁쓸하다
> 그들의 액면가는
> 부르는 만큼 상종가를 치기도 하는데
> 나는 늘 나의 값을 바닥에서 치르며
> 흘끔흘끔 앞뒤를 곁눈질 한다
> 깎이고 깎인 액면가가 내가 되었다
> 이제라도 제값을 받아보자고
> 큰소리 한번 치고 싶은데
> 유통기한이 끝나간다
> 무릎이 저리다
>
>   -〈액면가〉 전문

  마이너스로 깎고 깎아서 자화상을 내보이는 모습이 너무나도 떳떳하다. 전혀 구차하지 않게 정직을 넘어서서 위악에 가까운 자기폭로

가 역으로 그의 위상을 높이고 있다. 화자는 유통기간이 끝나가고 있음을 "무릎이 저리다"는 말로 간단히 맺었다. 유통기간도 끝나 가는데 이제 새삼스럽게 액면가를 높일 필요도 없다는 말이다.

어머니는 왜, "내세울 게 없는 집안"이라고 했을까, 어머니는 왜 화자의 귀에 그 말이 육십 년이나 절도록 마치 당연한 진리라도 되는 것처럼 믿게 하였을까. 그것을 시에서 설명할 필요도 없지만 화자 역시 구태여 밝히려고 하지 않았다. 그것은 어쩌면 당신의 액면가를 제대로 산정해 주지 않는 아버지에 대한 도전이 아니었을까. 그것은, "아버님 곁에는 안 가시겠다는/시퍼런 한을/어머닌 너무 부드럽게 말씀하셨어요//어머니 그래도 아버지 곁이 나아요/아버지도 이젠 죽은 목숨이잖아요"(〈어머니의 한〉)에서 짐작이 가능해진다.

윤준경 시인은 굳이 시적인 압축을 시도하지 않았다. 특히 고백적인 시에서는 산문적 구어로 풀어냄으로써 보다 진실성에 근접할 수 있다고 생각했기 때문인 것 같다. 시인은 아무런 구속도 받지 않고 타고난 원래의 호흡대로 이끌어 가다가, "이제라도 제값을 받아보자고/큰소리 한번 치고 싶은데/유통기한이 끝나간다/무릎이 저리다"로 종결한다.

마지막 구절 "무릎이 저리다"는 다시 "나는 나를 늘 싸게 팔았다/아예 마이너스로 치부해 버렸다"라는 시의 첫 구절과 환상環狀을 이루면서 순환할 것이다. 마치 궤도를 도는 듯한 이 시는 속도가 빠르지 않고 천천한 그만큼 독자를 끌어들이는 폭이 넓어진다.

시에서건 산문에서건 겸손을 앞세우려다가 오히려 자신을 부풀리게 되는 경우도 생기지만 시인 윤준경은 처음부터 자신을 철저히 해체하고 폭로한다. 미화하거나 과장하거나 변명하려고도 하지 않는다. 그리고 이것이 독자들로 하여금 시인을 신뢰하게 하는 힘이 된다.

내 힘으로 걷지 않았다

인생을 위해 내가
설사 수고한 것이 있다 해도 헛수고였을 뿐,
나 인생에게 술 한 잔 사 준 적 없이*
인생은 나를 견뎌주었다

섣달 초열흘, 어머니 나를 윗목으로 밀어내셨지만
살려달라고 우는 나에게
이내 젖을 물리셨다

작은오빠는 피난길에 나를 버리라고 애원했지만
용케도 나는 버려지지 않았다

한 남자의 등에 나를 업히시던 날
어머니 속으로 우셨다

삶은 언제나 미지수였다
내 힘으로 걸을 새 없이
시간이 나를 업고 달렸다
내일에 대해서는 말해준 적 없이
내 인생을 밀고 당겼다

-〈시간의 등〉 전문

*정호승 시 '인생은 나에게 술 한 잔 사주지 않았다'에서 차용.

위의 시에는 응당 있어야 할 것 같은 부모나 형제에 대한 원망이 없다. 화자는 자신이 태어나면서 버려질 뻔했던 목숨이었음을 토로한다. "어머니 나를 윗목으로 밀어내셨지만/살려달라고 우는 나에게/이내 젖을 물리셨다"고 어머니를 옹호한다. (어쩔 수 없는 형편으로)-"윗목으로 밀어내셨지만", (나를 향한 절절한 모성에로)-"이내 젖을 물리셨다"고 하여 젖을 물리신 어머니에 대한 고마움이 "윗목으로 밀어내셨"던 야박함을 열 번 압도하고도 남게 하였다.

또, "작은오빠는 피난길에 나를 버리라고 애원했지만/용케도 나는 버려지지 않았다"라고, "작은오빠"를 직접 거명함으로써 작은오빠에 대한 섭섭함이나 원망의 찌꺼기가 남아있지 않다는 것을 충분히 증명해 보인다.

"한 남자의 등에 나를 업히시던 날/어머니 속으로 우셨다"고, 화자는 속으로 우는 어머니의 눈물을 감지했다. 드러내지 않고 혼자 우는 어머니의 눈물을 알고 있는 딸은 어머니를 지극히 사랑하고 있으며 어머니의 사랑을 충분히 받고 있다.

"내 힘으로 걷지 않았다"로 시작하는 이 시는 화자가 자신의 인생을 얼마나 감사하게 여기는가를 알게 한다. 자신은 스스로의 인생을 위해서 수고한 바가 없다고 "설사 수고한 것이 있다 해도" 그것은 헛수고였을 것이라고, 내 인생이 나를 참아주고 견뎌주고 도와준 것이라고 말하려는 것이다.

자신이 살아온 것은 자신의 의지가 아니고 사람의 힘도 아니었다고, 알 수 없는 절대의 힘이 나를 업고 달려 여기까지 온 것이라고 주장하는 시인. 그는 사람을 원망하지 않음은 물론, 절대자를 원망하지도 않는다. 이 감사하게 여기는 마음이 이 시의 요체이며 이 시인이

지닌 덕성일 것이다.

 그러나 윤준경이 겪은 삶은 윤준경만의 특수한 문제가 아니다. 우리 역사의 공통적인 수난이었고 고통이었다. 현재도 모르는데 내일을 알 수 있으랴, 미지수인 채 시간의 등에 업혀 우리 모두는 여기까지 온 것이다. 만일 시인만의 일이라면 넋두리가 되었겠지만 우리 모두의 공통의 인자를 시인이 대변함으로 감동이 되게 했다.

   벽난로가 있는 저녁이었네
   내가 한때 꿈꾸던 벽난로였네

   너른 창문에는
   여인의 스카프가 커튼처럼 걸려 있고
   벽난로는 태우지 못한 가시나무 다발을 물고
   차갑게 식어 있었네

   시를 읊는 저녁이었네
   시를 모르는 당신도
   뜨거운 청춘은 저만치 가고
   뒤늦게 시가 찾아왔을까

   활활 불꽃을 태우는 벽난로 앞을 서성이며
   녹색스카프에 목매던 한때를 기억할까
   녹색스카프의 여인 앞에서
   다시 벽난로를 꿈꾸게 할까

   시는 안개 속에서
   러시아풍의 눈보라를 일으키는데
   차갑게 식은 벽난로,

억센 가시나무를 입 안 가득 물고만 있네

　　불타지 않는 저녁이었네
―〈벽난로가 있는 풍경〉 전문

　툇마루와 온돌방에서 자란 우리들에게 벽난로가 있는 풍경은 이국적인 생활을 꿈꾸게 한다. 그것은 우리가 막연히 동경하던 평화와 풍요의 그림이었다. 이 시의 화자 역시 "벽난로가 있는 저녁이었네/내가 한때 꿈꾸던 벽난로였네"라고 우리의 기대를 대변하면서 시를 시작한다. 특히 저녁은 흩어졌던 가족이 한자리에 모이는 시간이기에 벽난로의 불꽃이 가족애를 상징하는 중요한 매체가 되리라는 기대도 갖게 된다.
　그러나 "차갑게 식어 있는 벽난로", "뜨거운 청춘은 저만치 가고", "시를 모르는 당신", "벽난로 안의 태우지 못한 가시나무 다발들" 등 일연의 부정적인 어휘의 묶음들이 "꿈꾸던 벽난로", "여인의 스카프", "시를 읽는 저녁" 등 밝은 이미지의 어휘들과 충돌한다. 그리고 그 충돌은 연소하지 못한 욕망을 대변하는 듯 분규를 일으키고 있다.
　〈벽난로가 있는 풍경〉이라는 한 편의 시는 벽난로가 암시하는 화려한 불꽃의 온기, 그것을 중심으로 모여 앉은 사람들의 사랑과는 거리를 둔 풍경이어서 독자의 기대를 반전시킨다. 이것은 시 〈벽난로가 있는 풍경〉의 중요한 의미인 동시에 특성이다. 아무런 장애가 없이 불타오르는 벽난로였다면 평범하고 단순했을 것이다.
　"벽난로는 태우지 못한 가시나무 다발을 물고/차갑게 식어 있었네", "시는 안개 속에서/러시아풍의 눈보라를 일으키는데/차갑게 식은 벽난로,/억센 가시나무를 입 안 가득 물고만 있네"에서 이 시의 특성은 극대화된다. "불타지 않은 저녁"을 토로하는 화자의 음성은 수분이 증발되어 버린 듯 다급하게 들리기도 하고 벽에 부딪힌 듯 암담하게 들린다.

벽난로라고 하는 아름다운 사물이 '시'라고 하는 아름다운 추상과 연합하지만 그들은 동질의 흐름을 거부하고 부정한다. 그것은 시인이 말한 대로 억센 가시나무를 입 안 가득 물고만 있는 차갑게 식은 벽난로이기 때문이며, 그래서 끝끝내 "불타지 않은 저녁"이 되었기 때문이다. 모름지기 벽난로는 아름다운 불꽃을 일으키면서 타올라야 하고, 시는 안개 속에서 러시아풍의 눈보라를 일으키면서도 훈훈한 실내의 온기에 눈물처럼 녹아야 한다.

"벽난로가 있는 풍경"은 다만 풍경으로 끝남으로써, 기대하던 시선에 공허감을 안겨주었다. 그러나 시가 독자에게 주는 것은 충만감이나 성취감이 아니다. 그것은 오히려 허망에 가까운 미흡감과 상실감이라고 할 수 있다. 그런 의미에서 이 시는 추구하던 꿈, 바라던 세계를 잃어버린 쓸쓸함, 그 소멸의 정서로 독자의 공감을 충분히 일으킬 수 있을 것이다.

> 그 여름, 나는 시와 연애에 열중했다 시에 더 열중하고 싶었지만 시는 너무 쉽거나 너무 어려워서 집중할 수 없었다 연애는 달콤하고 황홀해서 밤낮으로 집중할 수 있었지만 지나간 뒤에 공허가 오래 남았다
>
> 밤새워 쓴 시는 아침이면 한 줄도 남지 않고 시들어버렸다 너무 가볍거나 너무 무거워서 나를 거부한 시, 나의 시는 나의 연애만큼 절실하지 못했다

> 나는 연애 같은 시를 쓰고 싶었지만 쓰지 못했고 시 같은 연애를 하고 싶
> 었지만 하지 못했다 혁명적이라고 믿었던 문장은 아무도 주목하지 않았고
> 지고한 사랑은 불륜의 패러디로 치부되었다
>
> 시와 연애 사이에서 인생의 여러 페이지를 남용하고 내 감각感覺의 사인死
> 因을 추적하는 것으로 남은 생을 남발하고 있다
> ─〈시와 연애의 무용론〉

 무용론은 아무나 가볍게 강변할 수 있는 것이 아니다. 주장할 수 있는 지점에 이르려면 타당한 근거가 뒷받침되어야 한다. 타당한 근거란, 그 분야에서의 오랜 탐구자, 애용자로서의 이력과 체험이다. 주장하는 사람은 그 사물의 품질과 용도, 효용과 영향과 한계에 대해서 이미 선수가 되고 박사가 되어 있을 것이다. 그리고 무용론을 천명하기까지 그가 겪은 실망과 슬픔은 이미 그 정신을 지배하는 신념이 되어 있을 것이다.

 따라서 이 시의 화자가 "그 여름, 나는 시와 연애에 열중했다"라고 한 시의 첫구절은 비장한 고백처럼 들린다. 어찌 그 여름뿐이었으랴. 그 여름 이전의 그 봄과, 그 봄 이전의 지난겨울과 그에 이어진 많은 세월을 화자는 시와 연애에 열중했을 것이라는 상상을 동원한다.

 위에 예시한 시구와 연관을 짓지 않더라도 윤준경 시인의 많은 작품들이 시와 연애에 열중하고 있는 화자의 모습을 자주 보여주고 있다. '사랑'을 중히 여기면서 사랑에 탐닉하는 시인을 나는 아름답게 여긴다. 그리고 시인은 모름지기 사랑의 찬양자이며 사랑의 창조자인 동시에 실천자라야 한다고 생각한다.

 그러나 윤준경 시인이 왜 사랑의 무용함을 선언하게 되었을까. 그

것이 역설일지라도 쓸쓸함을 감출 수가 없다. 그는, "사랑이 밥은 먹여줬을지 몰라도/밥보다 더 많은 것을/토하게 했네"(〈객관적사랑〉)라고 사랑의 무심과 비정을 지적하기도 했고, 얻은 것보다 더 많은 것을 잃으면서도 사랑을 갈구했음을 설파하고 있다. 윤준경은 시를 생명처럼 사랑하면서 시와 사랑의 삶을 병행시키려고 한다. "꽃이 피다니/그렇게 오래 기다린 꽃이,/어느새 피다니/피기도 전에/지고말다니//슬프다 사랑이여, 그리도 순한 것이었구나"(〈꽃이 피다니〉)라고 꽃이 피는 슬픔과 꽃이 지는 슬픔이 다르지 않음을 표명하였다.

때가 되면 피고 지는 꽃, 자연스럽게 유로되는 우주의 현상 앞에서 "슬프다 사랑이여, 그리도 순한 것이었구나" 탄식하는 시인, 윤준경은 대상의 생명 유무를 구별하지 않고 모든 사물을 사랑의 대상으로 바라본다. 시인은 진도 홍주를 마실 때에도 조갯살을 먹을 때에도 사랑하는 대상에게 하듯이 한다. 물가에 버려진 의자를 보거나 숲길을 걸으면서, 무통주사를 맞으면서도 모두 사랑할 수 있는 대상으로 받아들인다. 그는 사랑이 내왕할 수 있는 길을 닦아놓고 무한한 사랑을 분배하고 받아들인다.

"시에 더 열중하고 싶었지만" "너무 쉽거나 너무 어려워서 집중할 수 없었"고 "연애는 달콤하고 황홀해서 밤낮으로 집중할 수 있었지만 지나간 뒤에 공허가 오래 남았다"고 고백하는 시인의 목소리가 절실하면서도 슬프게 들린다.

밤새워 써도 날 밝으면 시들어버리는 시, 나를 거부한 시, 연애만큼 절실하지 못한 시에 실망하는 시인이 어디 윤준경뿐이겠는가. "연애 같은 시를 쓰고 싶었"고 "시 같은 연애를 하고 싶었"다는 시인의 말에 공감한다. "혁명적이라고 믿었던 문장"을 아무도 주목하지 않았을 때의 절망, "지고한 사랑은 불륜의 패러디로 치부되"어 내몰리는 세상, 그것을 개탄하는 시인의 말에도 고개를 끄덕인다.

  그러나 시와 연애로 인생을 헛되이 낭비했다고는 생각하지 말기 바란다. 분명 당신의 시는 연애를 생활의 진흙바닥에 떨어지지 않게 부축해줄 것이다. 당신의 연애는 시의 윤기를 부활시켜 줄 것이다. 그리고 당신의 감각은 시와 연애가 있는 한 날로 부활할 것이다. 시와 연애의 무용론은 그런 의미에서 부적절하다.

  아직은 만개한 꽃처럼 남아 있는 날들, 시인이여! 부디 시와 같은 연애에 돌입하기를, 연애 같은 시를 쓸 수 있기를…

이은영의 시

이 은 영

1990년 『월간문학』 수필 〈강변의 꿈〉으로 신인상, 수필등단.
2012년 다시 『문파문학』 시 부문 신인상, 시등단.
시집 『꽃밭에서 별을 헤며』
수필집 『이제 떠나기엔 너무 늦었다』
500만원 고료 서울찬가 최우수상, 동포문학상, 김소월문학상 등을 수상. 현재 〈대표에세이문학회〉 회장.
E-mail:3050rose@hanmail.net

꽃을 위한 판타지

　이은영의 시들은 잔잔한 생활을 소재로 하고 있으며, 표현에서도 특별한 기교를 부리지 않았다. 그의 시는 수용과 이해와 긍정의 시이며 절대사랑의 시들이다. 그가 인생에 아무런 대가를 바라지 않고 사랑을 쏟아온 것처럼 시에서도 아무 목적이 없는 순수, 절대의 사랑을 구가하고 있다. 그의 사랑은 자연과 사람을 아우르는 생명 전반에 대한 사랑, 인생이라 부르는 우리들의 삶에 대한 사랑, 그리고 하나님을 향한 사랑으로 대별할 수 있다. 특히 이은영은 하나님의 내세와 구원을 갈구함으로써 현세에서의 이상을 실현하고 싶어 한다.

1. 생각하는 꽃밭

　이은영의 시는 꽃에 집중되어 있다. 꽃이야 만인의 사랑을 받기에 마땅한 대상이지만, 시인의 감성과 감각의 촉수는 보편성을 초월해야 하므로 오히려 꽃을 노래하기가 쉽지 않다. 꽃을 제재로 할 때는 그 꽃이 가진 고유의 외양만을 표현할 수 없으며, 시인의 체험을 근거로 하여 꽃이 환기하는 이미지를 창출해야 한다.

예를 들어 서정주의 〈국화 옆에서〉는 온갖 고뇌와 시련을 이겨내고 원숙한 생의 도달점에 이른 자아의 모습을 그래내려고 하였으며 김춘수의 〈꽃〉은 시적 화자의 근원적인 갈망, 본질적인 존재가 되고 싶다는 뜻을 표현하려고 하였다. 말하자면 꽃을 제재로 하여 시인 고유의 내면세계를 은유하고 상징하려고 한 것이다. 이러한 예는 비단 위 두 시인에게만 한정된 것이 아니라 꽃을 제재로 창작된 시들의 공통점이라고 하겠다. 이은영 시인 역시 이에서 벗어나지 않는다.

그러나 이은영은 지나친 사유와 철학으로 천착하려고 하지 않았다. 그는 꽃에 얽힌 특별한 체험과 기억, 타고난 꽃의 생태를 시인 자신의 삶과 동일성의 요인으로 연결한 것이다. 그의 방법은 매우 소박하며 투명하다. 노래하듯이 자연스럽게, 다정한 사람에게 이야기를 전하듯이 친근한 목소리로 읊었다.

> 매화꽃이 피기 시작할 즈음이면
> 내 사랑도 피어납니다
> 꽃은 옛 등걸의 내력과 희망을 딛고
> 설렘과 기다림의
> 길고 긴 터널을 빠져 나옵니다
>
> 내 기리던 선비의 고아한 자태
> 여민 옷자락 은은한 향기
> 매화여,
> 그대 피어나는 동안 나는 숨을 멈춥니다
> 비록 겨우내 어둠 속에 잠들어

> 헛된 꿈속을 헤맸다 하여도
> 나는 이미 터질 듯한 가슴
> 한스러운 시간 같은 건 더 이상
> 남아있지 않습니다
>
> 꽃은 벌써 하늘하늘 지고 있습니다
> 그가 떠나고 있나 봅니다
> 꽃이 있어 사랑이 있더니
> 꽃이 지면서 이별이 오고 있습니다
>   ―「매화꽃이 피는 동안」

꽃은 묵은 등걸의 "내력과 희망을 딛고" "설렘과 기다림의/길고 긴 터널을 빠져"나왔다. 때가 되면 어김없이 꽃을 피워내던 등걸. 매화는 시인의 사랑과 함께 피어나고 시인의 사랑은 매화와 함께 진행한다.

꽃은 어느 날 '문득' 피어나지 않는다. 길고긴 과거로 이어진 추억을 딛고 알 수 없는 미래로 열린 희망의 접점으로, 인내와 기다림의 터널을 지나온 꽃이다. 그것은 자연의 질서를 따라 왔지만 꽃을 완상하는 시인의 마음은 타성에 젖어 있지 않다.

마치 "내 기리던 선비의 고아한 자태"를 맞아들이듯이 꽃이 피어나는 동안 시인은 숨이 멎어버릴 것 같다. 주객일체의 혼융상태가 이루어지고 있는 것이다. 그리하여 시인은 "겨우내 어둠 속에 잠들어" 있었으며 "헛된 꿈속을 헤맸다 하여도" 지금 절정에 피어 있는 매화로서 "이미 터질 듯한 가슴, 한스러운 시간 같은 건 더 이상 남아있지 않"다고 토로한다.

그만큼 완결된 보상으로 시인 앞에 당도한 매화는, 고대했던 모습

그대로 보람과 희열, 더 이상 바랄 것이 없는 성취의 순간을 안겨준다.

1연이 개화 이전의 설렘과 기다림, 2연이 돌아온 꽃과 충만한 개화라고 한다면 3연은 낙화와 이별이라고 할 수 있을 것이다. 1연에서 "매화꽃이 피기 시작할 즈음이면/내 사랑도 피어납니다" 말하던 그는 3연에서 "꽃은 지금/하늘하늘 지고 있습니다/그가 떠나고 있나 봅니다"라고 지극히 담담하고 평온한 감정의 흐름을 보인다. 시인의 목소리가 비애를 극복하고 순탄한 여유를 보이는 것은 꽃이 피고 지듯이 사랑과 이별도 순리로 받아들이기 때문이며, 절망을 초월해 있기 때문이다.

시인은 매화꽃이 피기까지의 인내와 기다림을 터널로 은유하였다. '은은한 향기'의 매화, '기리던 선비의 고아한 자태'의 매화를 맞이하면서 그는 이미 충분한 보상을 받았다고 생각한다. 설령 지금까지의 삶이 헛되고 보람 없었다 해도 꽃이 피어나는 동안 숨을 멈추고, "겨우내 어둠 속에 잠들어/헛된 꿈속을 헤매었다 하여도" 더 이상 한스러운 시간들이 남아 있지 않다고 강조한다. 그러나 낙화를 바라보는 시인은 항구여일하게 고정되어 있지 않은 세상이라는 것을 터득한 시인이 되어 있다.

우리들이 추구하는 행복이란 어쩌면 "매화꽃이 피어 있는 동안"의 그 잠시인지도 모른다. 그리하여 시인은 그 짧은 순간의 충만한 위안, 다시 반복되는 미몽과 공허를 일상적 삶의 공통분모로 제시하고 있는 것이다. 꽃은 사랑과 행복, 감사와 기쁨, 희망의 대명사라고 해도 과언이 아니다.

절실하고도 순수한 마음으로 아름다운 생명에 몰입해 있는 이은영에게 꽃은 창조주의 임재를 각인시키는 존재라고 할 수 있다. 시인 이은영은 꽃의 전도사다.

> 꽃이 내게로 왔습니다
> 사랑의 몸짓으로 왔습니다
>
> 씨 뿌리고 기다렸더니
> 그 씨앗에서는 그 잎이
> 그 잎에서는 그 꽃이 피었습니다
> 어기지 않은 약속으로 피었습니다
> 내 일찍이 사람에게 마음을 쏟았지만
> 이만한 기쁨을 안겨주진 못했습니다
>
> 고통의 대가도 바라지 않고
> 뿌린 대로 싹을 내밀어
> 때가 되면 꽃 피우는 생명
> 아쉬운 이별이 오고 눈에 어른거리겠지요
> 그러나 그것은 잠시의 기다림일 뿐
> 그는 다시 나에게로 돌아올 것입니다
> 꽃은 영원한 내 사랑입니다
>
> ―「꽃」

이름이 무엇인지 구체적으로 밝히지 않고도 꽃은 단지 '꽃'이라는 말, 그 추상과 관념만으로도 사랑을 받기에 충분하다고 생각한다. "내 일찍이 사람에게 마음을 쏟았지만/이만한 기쁨을 안겨주진 못했습니다"라고 고백하는 시인의 목소리가 깊은 울림으로 다가온다. "고통의 대가도 바라지 않고/뿌린 대로 싹을 내밀어/때가 되면 꽃 피우는 생명"의 신실함, 그것은 사람에게 쏟았던 사랑의 반향보다 더 깊은 신뢰를 준다. 설령 이별이 오더라도 그가 다시 돌아올 것은 분명하다. 그리하여 시인은 "꽃은 영원한 내 사랑"이라고 단언하듯이 말하는 것이다.

이은영에게 꽃이 피어난다는 사실은 단지 '꽃'으로 멈추지 않고 사랑을 불러오는 단초가 되며 사랑은 '사랑'으로 그치지 않고 삶의 보람을 제고하여 존재의 가치를 선양하게 한다. 이은영이 꽃을 읊었건 삶을 읊었건 그것은 사실 사랑을 고백하기 위한 하나의 방편이다. 그리고 그가 고백하고 있는 사랑은 타고난 생명에 대한 감사와 찬송이라고 할 수 있다. 꽃은 그에게 최상의 가치와 보람이며 추구해야 할 아름다운 삶의 대명사라고 할 수 있다.

꽃이 무엇인지 몰라서 사전을 들쳐보는 사람은 없을 것이다. 국어사전을 폈다가 우연히 '꽃'이라는 항목에 시선이 멈추었고 그 의미를 읽었다.

①식물의 생식기관. 대개 암술 수술 꽃잎 꽃받침의 네 부분으로 되어 있다. ②꽃이 핀 나뭇가지. ③아름다운 여자. ④아름답고 화려한 일. ⑤번영하고 영화스러운 일. ⑥평판이 좋고 인기 있는 일.

대략 이상과 같은 기록이다. 꽃의 사전적 의미 중에서는 "식물의 생식기관"이라는 말이 유독 부각된다. 식물이 결실하고 번식할 수 있는 것은 꽃이 있기 때문이라는 것은 재론할 필요가 없다. 이 너무나도 당연하고 확실한 과학에 놀라는 것은 우리-시인-들이 꽃을 지나치게 피상적이며 자기중심적으로 해설하고 있었기 때문이다. 사전적인 의미보다는 ③아름다운 여자. ④아름답고 화려한 일. ⑤번영하고 영화스러운 일. ⑥평판이 좋고 인기 있는 일 등의 내포적인 의미에 깊이 파묻혀 ①식물의 생식기관이라는 가장 확실한 지식을 염두에

두지 않았거나 잊고 있었던 것이다. 단지 문학에서만 그런 게 아니고 일반사회의 관습에서도 꽃은 기쁨과 행복 예절과 광명의 암시, 축복의 메신저로만 인식되고 있다.

꽃은 으레 시들고 떨어지지만 이은영은 다시 피어날 꽃을 믿고 있기 때문에 그의 정원에는 사철 꽃이 기다린다.

> 시골집에 벚나무 한 그루 심어놨더니
> 시난고난 몸살에도 죽지 않고 살아났다
> 꽃봉오리 맺힐 때나 만개할 때나
> 꽃잎 지고 잎 피워 버찌가 열릴 때도
> 가을 잎 발갛게 물들 때에도
> 유독 예쁘고 대견한 나무
> 봄, 여름, 가을, 겨울 서성이다 보면
>
> 꽃구름 아래를 맨발로 걸으며
> 하롱하롱 질 때는 꽃비 맞으며
> 앙증맞은 까만 버찌 쳐다보며 주우며
> 하늘을 향해 두 팔을 벌린다
>
> 오늘도 창밖 저기 벚꽃 한 그루
> 무엇과도 바꿀 수 없는,
> 열두 달 벅찬 기다림에
> 나는 산다
>
> ―「벚꽃 한 그루」

시골집으로 들어가는 골목 입구에. 새로 모종한 나무가 건강하게 뿌리를 뻗을 것인가를 시인은 속으로 걱정했을 것이다. 사람도 병약

하거나 죽을 고비를 넘길 때 더 큰 정이 가지 않던가. 저것이 과연 사람 구실을 할 것인가? 측은한 마음으로 지켜보다가 다행히 이겨내면 대견하기 이를 데 없다. 건강한 것은 든든한 믿음으로 바라보지만 병약한 것은 애틋함으로 돌보기 마련이다.

벚나무 한 그루를 심어놨더니 "시난고난 몸살에도 죽지 않고 살아" 났다. 그저 목숨만 살아난 것이 아니라, 봄에는 꽃으로, 꽃이 진 다음에는 버찌로, 여름에는 푸른 그늘로 가을에는 단풍으로 제 구실을 다하여 시인을 기쁘게 한다. 꽃을 즐기는 화자의 태도는 적극적이고 열정적이다. "꽃구름 아래를 맨발로 걸으며/하롱하롱 질 때는 꽃비 맞으며/앙증맞은 까만 버찌 쳐다보며 주우며/하늘을 향해 두 팔을 벌"리면서 "봄, 여름, 가을, 겨울 서성이"는 것이다. "오늘도 창밖 저기 벚꽃 한 그루/ 무엇과도 바꿀 수 없는,/열두 달 벅찬 기다림에/나는 산다"

이 시의 말미에서 시인은 마치 벚꽃 한 그루 때문에 살고 있는 것처럼 말하지만 사실은 기다림 때문에 살고 있다. 그리고 그 기다림은 꽃이 필 때부터 단풍이 들 때까지 계속된다. 「벚꽃 한 그루」는 한 생명을 길러내는 사랑과 정성과 기다림을 요약한 것이라고 보아도 될 것이다.

2. 그래도 아름다운 삶

흔히 사람을 사랑한다고 할 때 인인애隣人愛와 민족애 인류애 등 대상의 반경이 크면 명분과 가치의 우위도 비례하여 커지는 것으로 생각한다. 그러나 사람을 사랑함에 있어서 가장 기본적이며 필수적인 것은 혈연을 사랑하는 일이다. 혈연을 외면하고는 인인애도 인류애도 부르짖을 자격이 없다.

혈연에 대한 사랑은 당연한 것으로 언급하지 않을 수도 있고, 개인적인 것이기 때문에 발설하기를 망설이는 경우도 있다. 이은영은 혈연에 대한 사랑의 고백을 감추지 않는다. 그가 피붙이와 살붙이에 쏟는 애정은 지극하며 고백하는 음성은 솔직하고 진실하다. 그리고 그들과 얽힌 추억 또한 섬세하고 구체적이다. 흔히 사적인 체험을 가볍게 치부하는 경향이 있지만 개인적인 것을 제외한다면 모두 공허한 관념이 될 것이다. 이은영은 그 체험들을 리얼한 촉수로 재생하여 적절히 구성하고 있다.

집안은 조용하고 나는 심심했다. 눈을 감으면 별이 쏟아지고 오색의 작은 동그라미들이 어지러웠다. 귀에서 윙윙 소리가 난다고 말하자, 엄마는 쇠약해져서 그렇다며 영양제 '원기소'를 먹었다.

시민극장 오른쪽 골목으로 들어서면 눈송이처럼 흰 먼지가 날리던 솜틀집이 있었다.
통행금지 시간이 가까워지도록 아빠를 기다리다가 특선이 아니라 자주 전기불이 꺼지면 엄마는 등잔불을 밝히고 촉이 나간 전구를 넣어 구멍 난 양말을 기웠다.

엄마는 스웨터도 짜고 손수 내 옷을 지어 입혔고, 나는 헝겊으로 엄마 흉내를 내며 놀았다. 한 밤중 긴 사이렌이 요란하게 울리면 엄마는 서둘러 담요나 포대기로 창을 가리고 우린 공포 속에 엎드려 숨을 죽였다.

내가 기억하는 최초의 시간들은 육이오 사변을 겪은 후 황량한 시절이었다. 고통의 역사 속 그 날들이 지금은 그립다. 나는 6남매의 맏이고, 한창 젊은 아빠와 엄마, 기억 속의 훈훈한 날들이 아름다운 그림으로 남아 있기 때문이다.

-「최초의 기억」전문

한 장의 평화로운 흑백 사진을 들여다보고 있는 것 같다. 상황으로 보면 결코 평화로울 수 없으며 결코 넉넉하거나 행복한 장면이 아니다. 그런데도 왜 독자는 평화로움을 느낄 수 있을까? 왜 넉넉하고 행복한 장면으로 생각될까? 그것은 시적 화자의 평화가 화면을 윤색하고 있기 때문일 것이다.

시인은 시적 묘사를 위하여 특별히 고민하지 않았다. 잠가 두었던 기억의 창고에 열쇠를 꽂는 순간 몰려오듯이 훅 끼치는 낯익은 향기들. 그것은 솜틀집, 원기소, 정전, 통행금지, 등잔불, 사이렌소리, 양말을 깁던 어머니의 모습이다 시인은 6.25사변 전후의 어수선하고 황량했던 날의 기억들을 일러 '최초의 기억'이라고 명명했다. 기억력이 미칠 수 있는 최대의 원거리임을 강조한 것이리라. 아빠와 엄마가 젊었던 시절, 엄마는 내 쉐터를 짜면서 아빠를 기다리고 나는 그들의 맏이었다. 6남매였던 가정의 훈훈한 날들, 시인은 고생스러웠던 기억들을 그리워하면서 하나씩 꺼내어 음미하고 있다. 아름다운 그림이 최초의 기억으로 남아 있는 한, 최후의 기억도 훈훈할 것이다.

문득 어디론가 떠날 차비를 하고 싶다
무작정 떠나서 4박 5일쯤
짐을 꾸려 가볍게 목적지도 없이
인사도 기약도 없이 떠나는 여행

아무에게도 미안하지 않게
아주 당당하게
어느 누구의 눈치도 볼 것 없이
마음에 걸리는 일 다 잊어버리고

하늘의 별을 보며 꽃길을 따라
바람처럼 흐르고 싶다
흐르다가 머물다가 에돌기도 하면서
광활한 우주
아담한 산천에
나도 한 점 고즈넉한 풍경이 되고 싶다

-「풍경이 되고 싶다」

  누구에게나 문득 혼자서 떠나고 싶은 때가 있다. 부자유하게 묶여 있기 때문도 아니고 처한 자리가 불편해서도 아니다. 방만한 자유 속에 있으면서도 4박 5일쯤 아니 그보다 훨씬 더 길게 궤도로부터 일탈하여 목적지도 없이 혼자서 낯선 곳을 유랑하는 꿈을 꾸는 것이다. 현실은 언제나 우리를 구속한다. 마치 거대한 장애물이 앞길을 막고 숨 막히게 간섭하고 있는 듯한 구속감. 인간은 이러한 부자유를 느낌으로써 성숙하고 그로부터 인간다워지는 것이다.

  만일 혼자서 떠나고 싶지 않은 사람이 있다면 그는 지금 혼자이기 때문이다. 그리고 그 '혼자'임을 모면할 아무런 해결책이 마련되어 있지 않기 때문이다. 혼자서 떠날 꿈을 꾸지 않는 사람은 버려진 사람일지도 모른다.

  모순처럼 생각되지만 혼자서 떠날 꿈에 들떠있는 한 그는 지금 행복한 간섭과 구속속에 얽혀 있다고 판단해도 무방할 것이다.

시인은 2연에서 "아무에게도 미안하지 않게/아주 당당하게/어느 누구의 눈치도 볼 것 없이/마음에 걸리는 일 다 잊어버리고"라고 혼자서 떠나는 사람의 심리적 전제 조건을 제시한다. 그는 아마도 누군가가 마음에 걸리고 그에게 미안한가 보다. 미안해서 머뭇거려지고 망설여지나 보다. 그는 아마도 가족들이 걱정이 되어서 떠날 수가 없나 보다.

그것은 눈치를 하는 사람 있어서가 아니고 스스로 완벽해지려고 무리하게 설치한 구속일 것이다. 스스로가 설정한 한계이며 머리를 쳐드는 양심일 것이다. 시인은 혼자서 문득 떠나는 4박 5일의 여행을 할 수 없다. 가족에 대한 염려와 이런저런 마음 가볍지 않은 일 때문에 "한 점 고즈넉한 풍경이 되"는 길이 쉽지 않을 것이다. 그러면서도 늘 4박 5일의 "미안하지 않게 아주 당당하게 어느 누구의 눈치도 볼 것 없이 마음에 걸리는 일 다 잊어버리고" 떠나는 여행을 계속 꿈꿀 것이다.

이제부터는 우리
따뜻한 손을 힘 있게 쥐어주기로 해요
헤어질 때는 그냥 돌아서지 말고
따뜻한 마음으로 미소 짓기로

오늘이 마지막이 될 수도 있어요
그립고 아쉬운 것들
서러운 것도 많아진 나날
세월이 약이라는 말 나는 믿고 싶지 않아요

갈수록 낡아가는 옷처럼

해와 달은 우리가 맨몸으로 태어났던
그 원점을 다시 향해
그저 돌아보지 않고 달려갈 뿐이죠.
어깨 다독이며
'사랑해'
한 마디 쯤 해주기로 해요
사철 바쁜 듯 냉정하게
뒷모습만 보이며 사라지지 말고
오래오래 돌아서서 손을 젓기로 해요

―「헤어질 때」

  이은영은 특별히 감성적인 시인이다. 그에게는 이지적인 태도나 냉정한 표정을 요구하기 어렵다. 지금까지 함께 읽어온 시들도 모두 따뜻하게 읽히고 부드럽게 흐르면서, 익숙한 인간사를 소재로 다정한 사람에게 이야기하듯이 쉽게 풀어가는 시들이었다. 그는 일상생활에서도 시처럼 따뜻하고 순하고 부드럽다. 그는 "사랑해요." 혹은 "사랑해."라는 말 하기를 망설이지 않는다. 그는 그 말을 응당 해야 할 말을 하듯이 어색하지 않게 한다. 아마도 그가 많은 사람을 사랑하고, 사랑받고 있기 때문이며 사랑하고 싶기 때문일 것이다.

  시인은 헤어질 때도 서로가 따뜻한 손을 힘 있게 쥐어주면서 용기를 주자고, 그냥 돌아서지 말고 미소라도 짓자고 제의한다. (「헤어질 때」)우리가 사는 날들은 기약이 없고 시간을 믿을 수가 없다고, 오늘이 마지막이 될 수도 있지 않느냐고 반문하는 것이다. 어깨 다독이며 '사랑해' 한 마디 쯤 하는 게 어려울 것 없건만 늘 바쁜 듯이 뒷모습을 보이면서 돌아서는 우리들. 무미하고 건조한 현대를 살아가는 우리들에게 시인은 부디 사랑을 표현하면서 살자고 건의하는 것이다.

3. 그 이름 외우며 머물리

'미셀 소피아 까스티요 곤살레스' 수십 번 외워도 쉽지 않은 이름. 연분홍 티셔츠에 진분홍 머리띠 파나마의 예쁘장한 소녀. 스마트폰을 켜면 나를 설레게 하면서 나타나는 아이.

뼈에 가죽만 붙은 영양실조 아이들을 한 달에 삼 만원이면 살릴 수 있다기에 손을 번쩍 들고 나섰더니 잘한 일일까. 내가 어느 날 갑자기 세상을 떠나면 그 아이에게 안겨질 실망과 아픔을 생각한다. '미셀 소피아 까스티요 곤살레스' 살아서 마음 다해 널 사랑하리. 네 이름 외우며 오래 세상에 머물리.

손녀 하나 더 생겼네, 기뻐해 주는 남편이 있어 내 마음 이리 가볍다.
―「미셀 소피아 까스티요 곤살레스」

핏줄도 아니고 이웃 사람도 아니다. 수십 번 외워도 쉽게 외워지지 않는 이름, '미셀 소피아 까스티요 곤살레스'라는 소녀는 가본 적이 없는 파나마라는 먼 나라의 한 번도 만나본 적이 없는 어린애다. 한 달에 삼만 원이면 뼈에 가죽만 남아 영양실조에 시달리는 아이를 살릴 수 있다는 말을 듣고, 시인은 용기를 내었다. 아이에게 기쁨을 주고 희망을 주며 그 애의 인생을 바꿀 수 있다니 얼마나 좋은 일이냐고, 자원하고 나선 것이다.

시인이 "잘한 일일까" 스스로에게 묻는 것은, 공연한 짓을 한 것이 아닌가 하는 후회의 마음이 있어서가 아니다. "연분홍 티셔츠에 진분홍 머리띠/파나마의 예쁘장한 소녀", '미셀 소피아 까스티요 곤살레스'라는 가엾은 소녀에 대한 막중한 책임감과 의무감을 느끼기 때문이다.

 시인 이은영은 "더듬더듬 그 이름 외우며 오래 세상에 머물리", 이 지상에서 최선의 목숨을 다해 책임 완수할 것을 소원하는 것이다. 지구 위의 어느 멀고도 낯선 나라 자꾸만 외워도 잘 외워지지 않는 어려운 이름의 한 생명을 위한 시인의 기도는 이렇게 진지하고 절실하다. 이은영에게 있어서의 인간사랑은 구획과 경계를 넘어 코스모폴리타니즘을 보이고 있다. 사해동포주의는 그의 뜨거운 핏줄 사랑에서 시작된 결과일 것이다.

 빨강댕기를 선물 받았으니 결혼해야 한다고 하던 일순이 이모는 너무 일찍 남편과 사별하였다. 사랑과 이별 절망과 아픔을 견디던 이모는 자녀 딸린 목사님과 재혼하였다.

 이순이 이모는 철쭉꽃 빛깔 피를 토하며 폐병을 앓았다. 외딴 시골에서 처녀의 몸으로 홀로 병마와 싸우다가 안타까운 생애를 마치었다. 가엾은 이순이 이모.

 외할머니가 머리를 가위로 잘라놓으면 책보를 뒤집어쓰고도 나돌아 다니고, 연애편지 심부름으로 나를 자주 부리던 복순이 이모는 통도 컸다.

 360도 후레아 스커트의 멋쟁이 피아노 선생님, 말순이 이모가 손을 잡고 다니며 가르치고 일깨워 준 말. "내 이름은 노라야, 절대로 촌스런 이름으로 부르면 안 돼" 엉뚱하게 〈노라〉가 된 말순이 이모.

 큰 이모네 시골교회 지붕 위에서 참새 잡고, 논두렁에서 메뚜기도 잡아 볶아먹던 시절. 학교에서 배급받은 분유 뭉치는 딱딱했다. 앞이 툭 트인 외갓

집 들녘, 외할머니는 치마폭에 꽁꽁 숨겼던 누룽지를 내게만 주었다. 오늘 사뭇 그리운 그 누룽지. 이모들은 나를 곧잘 놀리고 울렸다.

"넌 다리 밑에서 주워온 아이야."
 이모들을 통해 일찍 깨우친 인생의 쓴맛 단맛, 어린 것이 어린애답지 않게 숙성하다고 어른들은 멀미나는 말을 했다. 빨갛게 달군 숯불 뚜껑도 없는 다리미로, 풀 먹어 밟고 다듬질한 빨래를 대릴 때면 옆에 앉아서 구경하다 숯멀미를 했었다. 그날처럼 오늘도 외할머니 동치미 한 사발 들이키고 싶다. 이모들을 만나서 옛날 얘기를 하고 싶다.
－「이모들 이야기」－유년의 기억2

 시인은 이모들 덕분에 화려한 어린 시절의 추억을 얻을 수 있었다. 이모들은 각각 독특한 개성과 삶의 편력을 가지고 있었다. 360도 후레야 스커트를 입고 시인에게 연애편지 심부름을 시키던 복순이 이모는, "외할머니가 머리를 가위로 잘라놓으면 책보를 뒤집어쓰고도 나돌아 다"녔다. 자유분방하고 시대에 앞선 활발한 개성의 소유자였다. 피아노 선생님을 하던 멋쟁이, 말순이 이모는 "내 이름은 노라야, 절대로 촌스런 이름으로 부르면 안 돼", '말순'이라는 본명이 싫어서 엉뚱하게 '노라'라고 이름을 바꾼 창조적이며 개척자적인 성격이었다.
 "철쭉꽃 빛깔 피를 토하며 폐병을 앓"다가 "외딴 시골에서" 홀로 죽은 이순이 이모는 운명에 순응하며 요절하였다. 사랑의 확신이 없는데도 "빨간 댕기"를 선물로 받았으니 결혼을 해야 한다면서 결혼했다가 남편과 일찍 사별한 큰이모는 나중에 목사님의 사모님이 된다. 어쩌면 네 명의 이모들은 우리 여성의 대표적 유형들이 모두 등장한 것처럼 다양하다.

  사람의 한 생애란 같은 부모와 가정, 같은 환경에서 자랐다고 하여 동일하지는 않다. 각기 다른 이모들의 캐릭터와 그들을 중심으로 전개되는 다양한 인생은 시인으로 하여금 삶이 무엇인가를 파악하게 하는 기초 교육이 되었을 것이다. 시인에게 있어서 이모들은 훌륭한 교재였고 시인은 흡인력이 바르고 빠른 우수한 학생이었다.

  "어린 것이 어린애답지 않게 숙성하다고 어른들은 멀미나는 말을 했"지만 어렸던 시인은 왜 그런 말을 하는지 알았다. "넌 다리 밑에서 주워온 아이야." 이모들이 놀리고 울렸지만 그것이 시인에게 쏠리는 할머니의 지극한 편애 때문에 하는 질투의 말인지, 사랑의 표현인지 구별할 줄도 알았다.

    진분홍 빛깔이 어찌 저리 맑을까
    백일을 하루도 거르지 않고
    떠나간 사람을 기다리던 여인
    그 여인이 죽어서 피어난 넋이란다
    백일홍 피는 계절 엄마 모시고
    동생들 앞서거니 뒤서거니
    우리들은 꽃 보러 갔다

    "너희 외할머니가 저 꽃을 좋아하셨는데…"
    화심에서 점심 먹고 위봉폭포 지나
    고산 대아리 여름 한 나절을 돌아서 오는 동안
    엄마는 백일홍 꽃그늘 아래서
    외할머니를 그리워하고
    내년에도 올해처럼, 그 다음 해에도

> 백일홍 피는 계절이면
> 엄마랑 우리 다시 꽃 보러 가야겠다
> 해지는 호숫가 저녁 숲은 저리 검푸른데
> 장마에 강물 불어나듯
> 무섭게 차오르는 울 엄마 나이
>
> –「백일홍 피는 계절」

위의 시 〈백일홍 피는 계절〉은 백일홍의 유래를 밝힘으로 시작된다. "백일을 하루도 거르지 않고 떠나간 사람을 기다리던 여인"의 넋이 꽃으로 환생한 것이 백일홍이라는 것이다.

여기서 "백일"이란 석 달 열흘 동안을 뜻하는 백일(100일)이 아니다. '백'은 셀 수 없이 많은 것을 이른다. 백을 예전에는 "온"이라고 했는데, '온갖', '온 세상', '온통'이라는 말에 그 많음의 의미가 남아 있다.

석달 열흘을 하루도 거르지 않고 사람을 기다리는 것은 흔히 있는 일이며, 우리 한국인들에게 100일을 기다리는 것쯤은 별로 어렵지 않은 일이다. 기다림의 명수인 우리나라 여인들은 아예 평생을 기다리기도 하고 기다리다가 죽기도 한다.

유난히 꽃을 좋아하는 어머니를 모시고 꽃구경을 하는, 시인을 포함한 이들 모녀들은 한 줄기로 흐르는 강물과 같다. 외할머니로부터 어머니를 거쳐 시인 세대로 이어지는 혈연의 종적관계가 적절하고 자연스러운 흐름을 이루고 있다. 동생을 비롯한 시인의 자매들은 어머니를 모시고 꽃구경을 하고, 어머니를 즐겁게 함으로써 자신들이 행복하지만, 어머니는 또 어머니대로 "너희 외할머니가 저 꽃을 좋아하셨는데…"라며 추억에 잠김으로써 외할머니(어머니의 어머니)를 모시고 꽃구경을 하고 있는 격이 되는 것이다.

  시인은 내년에도 또 그 다음 해에도 절기마다 꽃을 보러갔으면 좋겠다고 생각한다. 그러나 장마에 강물이 불어나듯이 어머니의 나이는 무섭게 차오르고 있는 것이 안타깝기만 하다. 사실 이 시의 주제는 '백일홍'이 아니라 '어머니'라고 해도 좋다. 시인은 다른 무슨 꽃이라도 즐거웠을 것이며 그것은 어머니와 함께 하는 꽃구경이기 때문이다. 꽃과 자연을 사랑하고, 사람과 사람들이 이끌어가는 삶을 사랑하는 시인 이은영. 그의 사랑이 집결되는 중앙의 지점에는 그리스도가 있다. 이은영 시인은 모태신앙을 가졌으며 미션스쿨에서 사춘기와 청소년기를 보냈다.

  그의 신앙은 급조된 것이 아니라, 나무가 자라듯이 자연스럽게 체질화된 것이다. 그가 자연을 읊었건 삶을 읊었건 사람을 읊었건 그 기저에는 신앙심이 자리 잡고 있다. 자연과 꽃을 읊은 시에는 에덴의 아름다움이 있고 사람과 삶을 사랑하는 시에는 부모사랑 형제사랑 이웃사랑의 정신이 있다. 우리는 손쉽게 기독교적인 어휘들이 있는 시들을 특별히 신앙시로 분류하기도 하고 기도풍의 흐름이 보이는 시를 신앙시로 간주하기도 한다. 그러나 진실한 신앙시는 겉으로 드러나지 않는 내면의 숨결, 실천화된 믿음의 진수가 보여야 한다.

      결국은 부메랑처럼
      돌아올 수밖에 없으면서
      다시는 마주서지 않을 줄만 알았다
      올 길을 미리 생각지 않았다

      젖은 옷자락은 한기를 몰아오고

돌 뿌리에 멍 든 두 발을 절며
가시에 찔린 백합처럼 떠돌던 마음
흩어진 옷매무새 여미는 저녁
서산에 노을은 사뭇 붉어라

무엇에 홀렸는지 알 수 없어라
돌아오는 길은 멀고도 아픈 길임을
이렇게 후회로 캄캄하리란 걸
갈 때는 몰랐어라, 몰랐어라

-「돌아오는 길」

돌아오는 길은 잘못을 저지르고 후회하면서 오는 길이다. 유혹은 언제나 향기로워서 "무엇에 홀렸는지 알 수 없"게 정신을 혼미하게 하고 돌아오면서 시인은 사뭇 부끄럽다.

제 2연은 간결하면서도 적절하고 명징하다. "젖은 옷자락은 한기를 몰아오고/돌 뿌리에 멍 든 두 발을 절며/가시에 찔린 백합처럼 떠돌던 마음/흩어진 옷매무새 여미는 저녁/서산에 노을은 사뭇 붉어라" 시인은 이 시에서 회개하는 마음으로 눈물을 흘린다는 말도 하지 않았고 죄의 부끄러움을 표현하지도 않았지만 "다시는 마주서지 않을 줄만 알았"고, "올 길을 미리 생각지 않"고 저질렀던 잘못들이 시인의 마음을 사뭇 절절하게 한다.

이은영 시인은 "내 허물을 덮으소서/당신의 옷자락으로 나를 덮어 주소서/세상의 힘으로는 해결할 수 없는/절박한 내 눈물을 거두어 주소서/썩은 동아줄에 매달린/이 방황을 끝내게 하소서"(〈당신의 옷자락으로〉)라고 절규하기도 한다.

그러나 그는 신앙을 버린 적도 없고 거기서 떠난 적도 없다. 조금도 과장하지 않은 믿음의 자세로 일상의 생활 속에서 실천하는 그의 모습은 늘 안정되어 있다. 필자는 이은영 시인의 시심을 믿는다, 그 시심의 중심에는 진실과 사랑이 있다. 사람을 사랑하고 삶을 사랑하는 시인, 꽃과 자연을 사랑하는 시인, 하나님을 공경하는 시인, 이은영. 이은영의 시를 읽는 동안 마음이 내내 평안하였다.

장상희의 시

장 상 희 ———————————

2004년 『문예비전』에 〈달빛 아래 잠 못 이루고〉 등 4편으로 신인상을 수상, 등단.
시집 『연두처럼 지다』
현재 〈기픈시 문학회〉, 인문학상상(인문학독서회), 해밀(여성학 독서그룹) 회원.
시통(시집통독평론회) 동인으로 참여. 사진예술가로서 수차례 발표회도 가짐. 현재 약사(藥師)로 활동.
E-mail:jang_sarah@daum.net〉

연두처럼 지고 초록으로 피어나다

1. 더불어 흘러가는 밤

　장상희 시인의 시집을 읽는다. 등단 15년이 지나서 발간한 시집이다. 그가 늦도록 시집을 내지 않은 것은 일종의 결벽증에서였다. 결벽증이라고 하는 것은 경우에 따라서 염치라는 말로 바꿀 수도 있고 조심성, 순수성이라는 말로 바꿀 수도 있을 것이다. 그리고 주변과 이웃부터 살피는 예도로도 볼 수 있을 것이다.
　그의 시에는 무수한 생명체들이 서식하고 있고 장상희는 은밀한 그 세계의 조물주였다. 아무리 많은 것을 거느리고 있는 듯이 보여도 조물주처럼 보이기는 쉽지 않다. 조물주가 되려면 그럴 만한 통어력이 있어야 하고 위엄과 능력을 갖추어야 한다. 아니, 능력보다도 먼저 애정이 있어야 한다. 명아주 질경이 바랭이와 같은 풀들, 민달팽이와 길고양이와 고라니 같은 짐승들.
　현대의 과학시대에 이르러 물질의 가치가 극대화되면서 인간은 자연을 더 이상 제 자리에 남아 있지 못하게 하였다. 자연까지도 물질적 재료에 불과한 것이 되었고 인간의 욕구에 맞게 정복되어 생활의 방편으로 이용되고 있는 것이다. 자연의 파괴는 단순한 파괴에 머물지 않고 인간성의 파괴에까지 연결된다.

현대의 자연은 항구여일하고 의젓한 자연이 아니다. 인걸은 간 데 없어도 의구한 산천의 대변자로서의 위용을 갖추던 자연이 아닌 것이다. 그러나 자연은 정지된 자연으로 퇴보하는 경우보다 문명의 직접적인 침략에 의해서 파괴되는 경우가 더 많다.

장상희 시인에게 있어서의 자연은 인간과 더불어 생명을 공유하고 함께 살아야 할 대상이다. 생명을 공유하면서도 인간은 우월한 위치에서 그들을 보호해야 해야 하며 시인은 이것을 인간의 위대한 권리인 동시에 사명으로 인식하고 있다.

장상희의 시어들은 축축하지 않다.

현대시의 이론가인 랜섬이 분류한 시의 유형 가운데 물질시(Physical Image)와의 관련을 생각하게 되는 것은 장상희의 시가 정감의 과잉으로부터 일탈하여 명료하고 정확한 이미지를 포착하려고 하기 때문이다. 그러나 랜섬이 언급한 물질시의 특징이기도 한 Dry Hardness와는 무관하다. 그것은 장상희 시인이 정서의 균형을 조화롭게 유지하고 조절하고 있다는 말이 된다.

그는 관심을 가지고 있는 대상에게 접근하여 면밀하게 관찰하고 기록한다. 관심과 관찰의 자세는 애정의 표현이라는 것을 제삼 설명할 필요는 없을 것이다.

어느 달빛 밝은 밤
어름어름한

가시덤불을 들추었더니
동고비,
가없는 시간을 쪼고 있네
누군가 누었던 무른 똥
똥은 단단한 열매를 게워내고
새는 그 사이를 삼키네
달은 내 어깨를 감싸고
나는 입을 맞추네
새도
똥도
그리고 나도, 더불어
흘러가는 밤이네

─〈흐르는 밤〉

 동고비는 우리나라 울창한 산림에서 번식하는 비교적 흔한 텃새다. 장상희는 동고비라는 텃새를 잘 알고 있다. "어느 달빛 밝은 밤/ 어름어름한 가시덤불을 들추었더니" 거기 동고비가 있었다. 속절없는(가없는) 시간을 쪼고 있는 새, 동고비.
 시인은 "누군가 누었던 무른 똥/ 똥은 단단한 열매를 게워내고/새는 그 사이를 삼키네"라고 하였다. 동고비가 삼키는 "그 사이"란 무엇일까? 단단한 열매와 무른 똥 사이인가? "단단한"과 "무른"의 대비는 시사하는 바가 크다. 그것은 냉엄함과 온유함 사이일 수도 있고, 거절과 허락의 사이일 수도, 견고함과 유연함 사이일 수도 있다. 그러나 이것을 확실하게 구별하고 정의하는 일은 독자로서 반드시 해야 할 일은 아니다.

독자인 우리는 "새는 그 사이를 삼키네/ 달은 내 어깨를 감싸고/ 나는 입을 맞추네/ 새도/ 똥도/ 그리고 나도, 더불어/ 흘러가는 밤이네"에 머물러 있으면 된다. 새는 견디고 달은 나를 감싸고 나는 입을 맞추"는 밤. 새와 똥과 내가 함께 더불어 흘러가는 밤은 진실로 눈물겹도록 아름다운 밤이다. 장상희 시인의 자연과의 화해는 우리를 여유롭게 한다. 물감이 잘 번진 수묵화 한 장을 보는 듯하다.

    어젯밤 거센 비에
    아득한 꼭대기에
    열렸던
    살구 몇 알,
    흙바닥에 떨어지다
    가차 없이 으깨지다
    갈라진 틈으로
    빗물 스미다
    힘껏 올라갔으나
    허공살이가 힘겨웠던 너는
    연하여 무른 꼭지
    떨어진 살구가 이토록
    시고,
    쓰고,
    눈물 나게 맵다
    나도 그만
    짓물러지다
                             -〈살구〉 전문

시인은 떨어진 살구열매를 보면서 아깝다고 생각하기보다 아프다고 느낀다. 아깝다고 생각한다면 시인이 살구를 하나의 열매로서 바라보는 것이지만 아프다고 느끼는 것은 그가 땅바닥에 떨어진 한 알의 살구열매로 동화되어 있는 상태를 보여준다.

살구열매는 어젯밤 거센 비에 아득한 꼭대기로부터 흙바닥에 떨어졌다. 살구열매는 흙바닥에 떨어져서 가차 없이 으깨어졌다. 으깨어지고 갈라진 틈으로 빗물이 스며서 살구열매는 지금 쓰리고 아프다. 떨어진 살구는 시고 쓰고 눈물 나게 맵다. 힘겹게 견뎌온 허공살이(세상살이)에 꼭지가 물러서 떨어진 것이다. 시인은 마지막 구절에서 "나도 그만 짓물러지다"라고 참고 참았던 듯이 말했다. 그러나 그는 처음부터 살구열매였고 흙바닥에 떨어지고 으깨어진 살구열매, 갈라진 틈으로 빗물이 스며서 쓰리고 아픈 살구열매로서 자신이 견뎠을 아득한 꼭대기와 낙하의 두려움, 그 아픔에 독자들을 끌어들었다. 시인의 세계관에 동참시킨 것이다.

> 보고 있던 책을
> 벌레를 향해 집어 던진 건
> 참을 수 없는 분노였다고
> 말했던 것 같습니다
> 만, 부엌을 겁 없이 가로지르던
> 다지류는
> 으깨어진 채, 휴지에 싸여 버려졌습니다
> 단지 반사작용이었다고
> 해명했던 것도 같습니다
> 만, 겉표지에 남은 갈색 얼룩은

나를 똑바로 응시하며 묻습니다
　　협량하였던
　　내 사랑의
　　마땅한 혐의에 대하여

-〈얼룩은 내게〉 전문

　벌레 한 마리를 죽이고 난 후의 반성이라고 해야 할까 변명이라고 해야 할까 그보다 진하게 참회라고 해야 할까, 이중 어느 것이든 별 차이는 없다. 시인이 "참을 수 없는 분노였다고 말했"든지, "단지 반사작용이었다고 해명했"든지 "겉표지에 남은 갈색 얼룩은" 시인을 "똑바로 응시하며" 추궁하였다. 그 얼룩이 시인을 "똑바로 응시하며 물었다고 여기는 한 그는 미물을 보호 내지 사랑한다고 여겼던 그 신념이 "협량하였"음을 인정해야 하고, 살해자의 혐의에서 벗어날 수 없음은 마땅한 것이다. 이 시인의 미물에 대한 연민, 아니 이 시인의 삼라만상에 대한 사랑은 어디까지인가?
　시인은 시 〈붉음을 벼리다〉에서 아파트 "발코니를 총총히 걷고 있는" 곤줄박이 새를 바라본다. 곤줄박이 새가 사람의 집안에 들어와서 발코니를 걷고 있다면 새와 시인은 이미 친한 사이일 것이다. "새는 울지도 않고 이 아침을 온통 차지해 버렸습니다"고 할 정도로 그날 아침 관심의 주인공이 되어 버린다. 시인은 "곤줄박이의 뱃구레가 붉"은 것을 유심히 바라본다. "저 새가 날아가고 난 후에도/ 붉음은 여전히 붉을 것인데/ 나는 그에게서 눈을 떼지 못합니다" 어디서 다쳐서 상처를 입은 것은 아닐까 염려하는 마음일 것이다.
　장상희 시인은 모든 생명체 앞에서 경건하다. 그 경건함이 독자에게 전율에 가까운 감동을 준다. "하나의 인연으로 왔다가/ 사월의 동백처럼 와짝 져버리는/ 우리의 때"를 안타까워하는 시인. "발코니 문을 반만 연 채로 나는/ 어둑한 허공을/ 더듬어봅니다/ 아직은 그리운 말씀이 많이 남아서/ 저 어슬한 빛이라도 버리며 살아야겠습니다"고 다짐한다. 저 어슬한 빛이라도 버리며 살겠다는 것은 잊어버리지 않고 마음 깊이 새기며 살겠다는 의미이다. 곤줄박이의 붉은 뱃구레의 그 색깔, 혹시라도 상처를 입은 핏자국인지도 모를, 그러나 달리 어떤 조처를 하지 않았던 그 성급하게 지나가버린 무심한 시간에 대한 시인의 안타까움의 토로이다.

2. 그 여자를 걱정하다

우리 주변에는 유별난 동물 혹은 식물 애호가들이 있다. 동식물에 쏠리는 그들의 선호도가 평범한 사람들의 이해수준을 넘어서 보통사람들로 하여금 당혹하게 하는 경우도 있다. 아니, 당혹하게 하는 정도가 아니라 불쾌하게 하는 경우도 적지 않다. 그 때문에 간혹 이웃들 사이에 충돌이 일어나기도 한다.

세상 만물을 사랑하는 듯이 선포하고 넓은 오지랖을 과시하면서도 정작 사람으로서 사람의 인격을 옹호하거나 사랑할 줄 모르는 것은 이율배반의 주장이다. 그리고 인간을 사랑한다고 주장하면서도 인간의 삶에 대한 깊은 성찰이 없는 것 또한 비정상적인 모습이다.

인간이 있고 인간의 삶(인생)이 있으므로 우리에게 만물이 의미를 가지고 존재할 수 있는 것이다. 인간 우월주의를 주장하려는 것은 아니지만, 설령 인간우월주의를 주장한들 어떠랴. 창세기로부터 인간은 만물을 지배하고 다스리는 자리에 있다.

> 어둑한 새벽, 꾹 다문 셔터 문들을 지나
> 그 곳에 이르면
> 환한 빛 넘쳐서 보도를 적시고
> 저절로 이끌리는 유리문 안은
> "오늘 구운 빵만 팝니다"
> 약속처럼 풍요하다
> 주인을 만나보지 않아도 믿을 수 있다
> 진열대 뒤를 쉴 새 없이 오가는 흰 모자
> 정갈한 린넨 식탁보
> 얇은 기름종이가 깔린 등바구니엔
> 알맞게 부풀어 오른 그의 수고가
> 담쏙담쏙 채워지고 있는 중이다
> 어지러운 꿈에서 깨어나
> 다시 잠들지 못한 새벽이면
> 박명을 뚫고 홀로 걸어가
> 그윽한 향내 온 동네에 퍼뜨리는
> 희망베이커리에서
> 갓 구운 희망 한 봉지 사오고 싶어진다
> ―〈희망베이커리에 가면〉

희망베이커리가 우리에게 잔잔한 공감과 따뜻한 위로를 주는 것은 거기 인간의 체온이 있고 인간의 생활이 있기 때문이며, 인간을 생각하는 시인의 사랑이 있기 때문이다. 희망베이커리의 창문으로 새어나오는 "환한 빛 넘쳐서 보도를 적시고" 누가 부르지 않아도 "저절로 이끌리는 유리문"에는 "오늘 구운 빵만 팝니다"라고 적혀 있다. 그리고 그 안으로 빨리듯 들어가면 정말 그들이 내건 약속처럼 구수하고 풍요롭다. 굳이 "주인을 만나보지 않아도 믿을 수 있"고 "진열대 뒤를 쉴 새 없이 오가는 흰 모자"와 "린넨 식탁보"는 정갈하다. 희망베이커리 주인이 팔기 위해 빵을 굽지 않고 동네 주민을 먹이기 위해서 빵을 굽는다고 생각되는 것은 그것을 바라보는 동네주민 장상희의 눈이 따뜻하게 해석하기 때문이다. "얇은 기름종이가 깔린 등바구니엔/알맞게 부풀어 오른 그의 수고가/ 담쏙담쏙 채워지고 있는 중", 가게 주인이 이렇게 헌신적으로 수고하고 있지 않는가.

시인은 "어지러운 꿈에서 깨어나" 다시 잠에 잠길 수 없는 시간, "박명을 뚫고 홀로" 희망베이커리로 가서 "그윽한 향내 온 동네에 퍼뜨리는" "갓 구운 희망 한 봉지" 사오고 싶어진다. 이와 같은 맥락은 〈정성고로케 문을 닫고〉에서도 이어진다.

"집에서 전철역에 이르는 소로에는/ 휘늘어진 이팝나무/ 그루그루 서 있고/ 노란 간판을 단/ 이팝나무 그늘진 가게에서/ 고로케를 파는/희고 가녀린 여자가 있어,/나는 그 맛을 좋아한다기보다/저 깨끔한 여자가/ 수고로이 빚어낸 고로케가 오후 늦도록 팔리지 않고/ 남아 있는 것을 견딜 수 없어서/ 귀가하는 길이면/ 두세 개 사 들고 오곤 했는데/ 어느 날, 가게 유리창에/ 떡볶이 메뉴가 함께 나붙은 이후로는/ 어쩐지 내가 알던/ 그 가게가 아닌 것 같아/ 짐짓 외면하며 지나쳤던/ 몇 달만에/ 오십 프로 할인행사로 신장개업을 알리는/ 싸구려 티셔츠 매대 뒤에서 여전히 헐렁한 앞치마를 걸친/ 몸집 작은 여자는/ 봄이 다시 오거나 말거나/ 이팝나무 꽃이 저러큼 해사하게 호호거리거나/ 말거나"라고 시인은 말끝을 흐린다.

그러나 가게는 떡볶이 메뉴가 나붙었다가 몇 달만에 반액 할인 행사의 싸구려 티셔츠 가게로 바뀌었다. 헐렁한 앞치마의 몸집 작은 여자, 봄이 오거나 말거나 상관없이 이팝나무 꽃이 해사하게 피거나 말거나 상관없이 살기에 허덕이는 그 여자를 걱정한다.

사람과 사람들이 사는 세상에 대한 그리움과 연민은 다음의 시 〈굴업도〉에서도 잘 드러나고 있다.

> 단 일곱 가구와 사슴 몇 마리가 작은 만에 모여 산다
> 단출하고 단정하게, 묻어서, 묻혀서
>
> 덕적도에서 갈아탄 배는, 굴업도에 가져갈 새우깡과 멜론 맛 아이스 바와 참이슬을 실었다
> 민박주인은 트럭 짐칸에 등산객과 배낭을 책꽂이에 책을 꽂아 넣듯 채우고 굽은 길을 빠르게 달렸다
> 모퉁이를 돌 때마다 터지는 새된 비명은 기꺼운 덤이다
> 군데군데 결 고운 풀들이 둥글게 모여 있는 모래 경사지를 오르니,
> 바람 부는 쪽으로 몸을 눕힌 소사나무숲과, 천남성 가득한 어두운 숲길이다
> 독풀이, 공들여 기른 화초처럼 무성하게 자라난 비밀스러운 숲을 막 나서면,
> 푸른 평원이 펼쳐져 있어, 아무 방향으로나 걷고 아무데나 앉아서

노을을 바라보기에 좋았으나, 막상 해가 떨어지면 절박한 속내들이 그지없이 풀려 나왔다
텐트를 가지고 오지 않은 것을 후회했다

이 바람과 노을과 숲 향기와 바꿀 수 있는 것은 아무것도 없다
아쉬움이 자꾸 다음번을 채근했다

굴업도는 뭍에서 가깝지 않다
다시 가고픈 곳이 있다는 것과 그 곳을 쉬이 갈 수 없다는 것은,
그리움에 대한 보증,
간단하지 않은 절차에 대한 역설적인 감사다

─〈굴업도를 그리다〉 전문

위의 시 〈굴업도를 그리다〉는 시인의 다른 시들과 달리 산문 형태를 취하고 있다. 세세하고 곡진한 사실의 전달은 리듬을 갖춘 운문보다 산문 쪽이 훨씬 호소력을 가진다. 굴업도의 환경과, 덕적도에서 갈아탄 굴업도행 배와, 굴업도 민박집 주인의 트럭. 그리고 "바람 부는 쪽으로 몸을 눕힌 소사나무 숲". 생생한 이들의 모습은 추억으로부터 불러온 과거다.

시인은 현재 쉽게 갈 수 없는 그곳을 그리워한다. 시인이 다시 굴업도를 가고 싶어 하는 것은 그곳의 경관, 그 아름다움과는 관계가 없다. 물론 "군데군데 결 고운 풀들이 둥글게 모여 있는 모래 경사지"가 있고, "천남성 가득한 어두운 숲길"이 있기는 하지만 그것을 이유로 내세울 수도 없다. "독풀이, 공들여 기른 화초처럼 무성하게 자라난 비밀스러운 숲"이 있으며, "숲을 막 나서면, 푸른 평원이 펼

쳐져 있어, 아무 방향으로나 걷고 아무데나 앉아서 노을을 바라보기에 좋"긴 했지만 그래서도 아니다.

  굴업도에 가고 싶은 이유는 매우 단순하다. "단 일곱 가구와 사슴 몇 마리가 작은 만에 모여"사는 섬이기 때문이며, "단출하고 단정하게, 묻어서, 묻혀서" 함께 살고 있기 때문이다. 단 일곱 가구의 적은 사람들이 사슴 몇 마리가 함께 작은 만에 모여 산다는 이 사실은 그 자체가 시적이니까. 그 자체가 쓸쓸하고 그 자체가 가난하고 애잔하며, 그 자체가 슬프고 막막하니까, 시인은 거기 마음을 쏟고 있는 것이다.

  굴업도가 시끌벅적 변화하거나 진귀한 특산물로 이름이 나 있거나, 윤택하고 부유한 섬이어서 시설이 좋고 안락하거나, 역사적으로 혹은 문화적으로 이름이 있고 거기서 취할 무엇이 있어서 가고 싶은 것도 아니다. 아무런 취할 것도 얻을 것도 없고, 뭍에서 멀어서 가기가 불편한 섬, 가난하고 절박한 섬이니까 가고 싶은 것이다. 장상희 시인은 그러한 조악하고 보잘것없는 조건에 오히려 강하게 쏠린다.

    어머니는 사십 년을 하루도 거르지 않고
    일기를 쓰고 계십니다
    게으른 딸은, 가끔 책상에 앉긴 하지만
    시에는 어제 산 두부도, 고등어도 없고
    허리 수술 받은 옆집 할아버지의 퇴원 날짜도 몰라
    천지간에 강마른, 뜻의 늪입니다
    어머니의 일기에는 많은 것들이 삽니다
    아픈 다리로 여남은 번은 쉬어야 갈 수 있는 십오 분
    거리의 성당과

반찬을 싸들고 다녀간 둘째딸과
요즘 부진한 기아 팀 투수의 다친 손가락까지,
내 시가 갈수록 변변찮은 이유를 알 것도 같습니다
-〈어머니 일기에는〉 부분

장상희 시인이, 십오 년 전 처음 시인으로 등단했을 때, 내게 했던 말이 생각난다.
"저희 어머니께서 엄청 기뻐하셨어요."
고등고시에 패스한 것도 아니고, 월급을 많이 주는 좋은 일자리에 취직을 한 것도 아닌데, 시인이 되었다는 사실을 엄청 기뻐하신 어머니가 나는 고마웠다,
"우리 딸이 시인이 되었다니…"
감계에 젖으셨다는 시인의 전언이 오래도록 내 마음속에 남아서 그 뒤로 가끔씩 그 어머니를 생각하곤 했었다. 40년을 하루도 거르지 않고 일기를 써오신 어머니는 시인이 된 딸보다 더 시인의 소양을 갖춘 분이라고 할 수 있다. 어머니의 일기에는 그날의 찬거리 목록도 있고 "허리 수술 받은 옆집 할아버지의 퇴원 날짜"도 있다. "아픈 다리로 여남은 번은 쉬어야 갈 수 있는 십오 분거리의 성당과" 성당에서 일어난 얘기도 있고, "반찬을 싸들고 다녀간 둘째딸"의 효심도 있으며, 당신이 좋아하는 야구팀의 부진한 경기성적에 대한 걱정까지. 시보다 더 섬세한 내용들이 그 일기장에 적혀 있는 것이다.
어머니는 시인이 재력도 권력도 없다는 것, 시인은 겨우 말이나 깁는 사람, 진실을 전하느라 무수히 말을 더듬는 사람이라는 것을 알고 계실 것이다. 나도 한 사람의 시인으로서 시인이 된 것을 기뻐

하시는 어머니가 고맙다. 그리고 이 세상에 예사로 되는 일은 아무 것도 없다는 말을 여기서 굳이 하고 싶다.

3. 낯선 산에 방사된 어린 곰처럼

아직 남은 더위가
풀씨를 익히고 있습니다
가을볕이 아까워서
베란다 창틀에
이불을 널었습니다
이불엔 햇솜 같은 가을이 차곡해지겠네요
올 여름처럼 비가 많았을까,
곳곳에 피는 곰팡이는
물먹는 하마로는 어림없었습니다
구석구석 먹어 들어간
노회한 병증이, 우리 사랑의
마지막일까요
골골이 번진 새똥자국을
오늘은 볕바라기 시킬 생각입니다
아, 조금은, 조금은 덜겠습니다
볕을 덜어내면
그림자도 그만큼 작아지겠지요
꿉꿉한 내 사랑을
창틀에 걸쳐두어서
따사로운 바람에

슬슬 흔들리게 두겠습니다
흔들리다가,
아침을 맞은 늑대처럼
속 깊은 기침을 하겠습니다
쓸쓸한 걸음들이
머츰하겠습니다

—〈볕바라기 할까요〉

　볕바라기는 양광陽光을 누리는 일이므로 말 자체가 따뜻하고 가볍고 밝은 분위기를 조성한다. 위의 시에서 볕바라기란, 풀씨를 익히고도 아직 남아있는 가을볕을 쪼이는 일이다. 볕이 아까워서 베란다의 창틀에 이불을 널어 말리지만 시인의 상상은 단순이 이불을 말리는 작업만으로 끝나지 않는다. "이불엔 햇솜 같은 가을이 차곡해"졌지만 습기 많은 여름의 흔적으로 "구석구석 먹어 들어간/ 노화한 병증", 얼룩을 보면서 "우리 사랑의/ 마지막"을 염려하면서, "볕을 덜어내면/ 그림자도 그만큼 작아지겠지요"로 선회하여, 일단 안도의 자리를 마련한다. 그런데 "볕을 덜어낸다"는 의미는 무엇인가. 볕을 덜어 가진다는 뜻일까, 볕을 덜어준다는 뜻일까. 아무래도 전자라고 해야 할 것이다. 볕을 덜어서 그 일부분을 내가 가짐으로써 그늘과 그림자도 작아지고 근심도 증발할 것이니까.
　정리하자면 가을이 차곡차곡 해지도록 베란다 창틀에 이불을 널어서 노화한 병증으로 시달리는 우리의 사랑을 구하고 싶다는 것. 볕은 볕대로 찬란하지만 볕의 이면에 그림자를 만들기도 하는데 볕을 쪼이는 것, 그것은 이면으로 생각할 때 그림자를 덜어내는 것이기도 하다는 사실, 그리고 다시 습기 많은 내 사랑을 창틀에 걸쳐서 따사로운 바람에 흔들리게 두고 싶다는 것이다. 그러나 흔들리다가 아침을 맞은 늑대처럼 기침을 하면서 쓸쓸한 걸음으로 사라질 것이라는 것이다. 아침을 맞은 늑대의 어색한 기침, 힘을 쓰지 못하는 후퇴의 걸음걸이. 그것처럼 세상의 일들은 끝장을 내는 것이 아니고, 끝장을 냈을지라도 사실 알고 보면 끝장이 아닐 것이다.

장상희는 사실을 부정하거나 어떤 정황을 비관적으로 바라보기를 좋아하지 않는다. 그러나 그렇다고 해서 그를 낙관주의자로 볼 수는 없다. 그는 아프도록 조심스럽게 이면을 바라본다. 그에게는 너무 남지도 않고 그렇다고 모자라지도 않는, 풀씨를 익히고도 "아직 남은 더위"와 가을볕이 아까워서 베란다에 이불을 널어 말리는, 남지도 모자라지도 않게 짜서 맞춘 듯이 검소한 공간을 누리고 있다.

바다에 가서 섬만 보고 올 때가 있다
내 안에서 무언가 벽을 두드리며 울 때, 몸부림칠 때
달려가는 바다,
천궁을 오르고 심해를 치는 진혼굿,
머리끝에서 발끝으로 온 몸을 관통하는 고압전류,
섬에서 섬으로, 작두 밟듯, 눈을 질끈 감고 건너뛸 때가 있다
거세게 뒤척이는 바다, 억장 깊은 요, 도무지 앞이 보이지 않을
때가 있다
저울로는 잴 수 없는, 너무 가볍거나 무거운 넋의 무게
도저히 세지 못할 무수하게 박힌 침, 바늘, 가시, 차라리 저 검푸른 소용
돌이에서 산산이 찢겨지고 싶을 때가 있다
열두 장 달력을 한 번에 넘기고 싶을 때가 있다

날이 무섭고, 달이 무서운데, 십 년 훌쩍 가는 것은 무섭지 않은,
종착지를 향해 가속페달을 무한정 밟고 싶을 때가 있다
변주되지 않는 돌림노래, 오늘자 정치면 기사 같은,
무간지옥에 갇혀서
섬만, 섬만, 자디잘게 썰다 올 때가 있다

-〈섬만 보고〉

  바다에 가서 바다는 보지 않고 섬만 보고 올 때가 있다고 호소하는 이 시는, 바다를 찾아갈 때의 시인의 마음을 대변하듯이 절박한 호흡으로 이어진다. 그러나 바다에 가서 섬만 보고 오는 것은 당연한 일이기도 하다.
  숲에 들어가서 나무만 보기도 하고 군중 속에 섞여서 앞사람의 등판만 보기도 하며 흐르는 세월 속에서 하루하루에 묻히는 일에 우리는 이미 익숙해 있지 않은가. 바다에 가서 섬만 보고 왔다는 시인 장상희는 바다를 옳게 찾아갔으며 거기서 진실한 바다의 얼굴을 대면하였다. 자기 내부에서 "무언가 벽을 두드리며 울 때, 몸부림칠 때" 절박한 마음으로 달려갔기 때문일 것이다. 천궁을 오르고 심해를 치는 진혼굿의 마당인 바다. 그 바다에 이르러 "머리끝에서 발끝으로 온 몸을 관통하는 고압전류,/섬에서 섬으로, 작두 밟듯, 눈을 질끈 감고 건너 뛸 때가 있다"면 비로소 온전한 바다의 모습과 대면한 것이 아니겠는가.
  바다를 바라보면서 무엇으로도 측량하기 어려운 넋의 무게, "도저히 세지 못할 무수하게 박힌 침, 바늘, 가시, 차라리 저 검푸른 소용돌이에서 산산이 찢겨지고 싶을 때가 있다/ 열두 장 달력을 한 번에

넘기고 싶을 때가 있다/ 날이 무섭고, 달이 무서운데, 십 년 훌쩍 가는 것은 무섭지 않은,/ (…)/ 무간지옥에 갇혀서/ 섬만, 섬만, 자디잘게 썰다 올 때가 있다"면 완성된 바다를 보고 온 것이다.

시인이 바다에 갈 때는 그의 내부에 가로막힌 장대 하나 뽑으러 가듯이 "무언가 벽을 두드리며 울 때, 몸부림칠 때"라고 하였지만 바다는 원래 해답을 주지 않는다. 그것은 장상희 시인에게만 국한된 것이 아니라, 우리들이 항용 겪고 있는 일상이며, 그것이 삶이라는 것을 시인도 짐짓 알고 있었을 것이다.

> 차창을 스치는 나무 그림자들은
> 어떤 힘으로 이리도 서슬 푸르게 일어서곤 하는가
> 엎드렸다 일어나고 이어 몸을 젖히는데
> 온 산하가 따라 눕는다
>
> 차창을 비껴가는 그림자들의
> 가라앉으면 반드시 다시 솟아오르는
> 정연한 재기再起,
> 이토록이나 단호한 결의
> 저들의 몸짓이 그리는 기호와 그 비의를 알아내어
>
> 몸과 마음이 합일하는 어느 극점에 서면
> 오늘 죽어도 여한이 없겠다
> 　　　　　-〈차창을 스치는 나무 그림자들은〉

시인은 차창을 스치는 나무 그림자들을 보면서 정연한 질서로 운행하는 삼라만상에 감탄한다. 그러나 그것은 감탄으로 끝나야 할 일. 그것을 따라잡지 못함을 한탄하는 것은 지나친 욕심일 것이다. "가라앉으면/ 반드시 다시 솟아오르는/ 정연한 재기再起,/ 이토록이나 단호한 결의/ 저들의/ 몸짓이 그리는 기호와 그 비의를 알아내어/ 몸과 마음이 합일하는 어느 극점에 서면/ 오늘 죽어도 여한이 없겠다"고 했지만 세상은 그러한 일들을 시인으로 하여금 따라잡지 못하게 할 것이며 오늘 죽지 못하도록 끝끝내 붙잡아 둘 것이다.

유사 이래 수많은 성자와 수도자들이 때로는 묵상으로 때로는 탐구로 때로는 천지를 부유浮遊함으로 한 생애를 바쳐온 것은 우주의 비의를 알아내려는 노력이었을 것이다. 위의 시는 우주의 비의를 알아내고자 하는 마음의 표현이라기보다 우주의 순환에 대한 절대자의 섭리, 거기에 상응하는 감동의 지대함을 표현한 것이라고 봐야 할 것 같다. 그리고 우주를 관할하는 어떤 힘에 대한 경탄과 승복이라고 해도 될 것이다.

> 달빛 아래 길게 눕는다
> 짐승처럼 드러누워
> 짐승처럼 두리번거린다
> 잠들어도 잠들지 못하는
> 과민한 촉수 죄지은 자의 몫이다
> 깨어서, 오래도록 깨어서
> 견뎌내야 하는 밤은
> 피톨을 가르는 자백의 시간이면
> 정죄하듯, 저 달빛
> 꼿꼿한 더듬이 자르고

> 기름진 수족으로 살아가는
> 부요는 어쩌면
> 달빛보다 휘영하여
> 누워도 눕지 못하는
> 기나긴 밤에, 나는
> 낯선 산에 방사된 어린 곰처럼
> 어둔 바다를 운항하는 낡은 배처럼
> 끝내 잠들지 못하고
>
> 　　　　　　　－〈달빛 아래 잠들지 못하고〉

　시 〈달빛 아래 잠들지 못하고〉는 장상희의 다른 시들과 구별하여 읽힌다. 이질적이라고는 할 수 없지만 이 시를 머금고 있는 시인의 체온이 평시와 다르고 시의 구절을 발음하는 그의 마음이 다르다. 시 〈달빛 아래 잠들지 못하고〉는 표면에 드러나 있는 것보다 이면에 잠재되어 있는 것에 주목해야 한다. 그가 잠들지 못하고 달빛 아래 짐승처럼 길게 누워 두리번거리는 것은 절망과 고통, 갈등과 번민 때문이 아니라는 것, 그보다 절실한 자성과 죄책감 때문이라는 것.

　시인은 이렇게 평화롭게 안착해도 되는가? "꼿꼿한 더듬이 자르고/ 기름진 수족으로 살아가는/ 부요는 어쩌면/ 달빛보다 휘영하여" 달빛 아래 길게 누운 자신의 모습을 "짐승"으로 환치하고 있는 것이다. 이 자책은 과도하게 투명한 양심의 절규라고밖에 할 수 없으며, 서두에서 잠시 언급했던 결벽의 한 면모라고 할 수밖에 없다.

　그러나 시인이여, "누워도 눕지 못하는/ 기나긴 밤에/ 낯선 산에 방사된 어린 곰처럼/ 어둔 바다를 운항하는 낡은 배처럼" 오래도록 잠들지 못하는 과민한 촉수의 시인이여! 그렇게 외곬으로 스스로를 몰고 갈 일은 아니다. 그대 피톨을 가르듯이 자백할 일이 있는가. 그대가 정죄할 항목이 무엇인가?

  예를 들어 정성고로케 주인의 실패와 절망을 대신 짊어지지 못해서인가? 단 일곱 가구와 사슴 몇 마리의 굴업도에서 함께 묻히고 묻어서 살아주지 못하는 것이 죄스러워서 그러한가? 부엌을 겁 없이 가로지르는 다지류에게 참을 수 없는 분노로 보고 있던 책을 던져 으깨어버린 일인가? 하기야 시인은 자주자주 자신을 단두대에 올리는 사람이기는 하다. 시인이 어둠에 잠기고 절망에 잠기는 것은 이 세상 어느 귀퉁이에 불을 밝히는 일이기도 하다.

  장상희 시인, 앞으로는 좋은 시들을 부디 오래 묵히지 말고 발표하기 바란다.

장하지의 시

장 하 지 ────────────

1996년 『시문학』 신인상, 등단.
시집 『갈대새』, 『나뭇잎 우산』
문학카페 〈연지당 사람들〉 상임회원, 〈우송문학회〉, 〈다엽문학회〉, 〈연지당 시낭송회〉와 〈수요시학당〉의 운영위원으로 활동.
제46회 신사임당 기념 전국백일장에서 시부 장원.
2018년 우송문학상을 수상
E-mail:rosajang2@hanmail.net

절대의 희망

1.

장하지 시인을 처음 만났을 때 그는 문학을 사랑하는 젊은 새댁이었고, 나는 그 도시의 신설대학교 국어국문학과 교수로 부임한 지 몇 년 되지 않았었다. 만나던 첫날 그가 보여준 수필은 매우 탁월한 작품이었다. 친근하고 평이한 표현, 그 글 속에는 따뜻한 인간애와 윤택하고 풍성한 감성이 녹아 있었다. 그러나 그는 얼마 후 수필을 접고 월간 『시문학』지를 통하여 우리 문단에 입성하였다.

그때나 지금이나 그는 전혀 시인티를 내지 않는다. 문단에 오른 신인들 중에는 문학에 열중하여 몰입하기보다는 문인이라는 이름을 액세서리처럼 흔들며 딴짓에 빠져드는 예가 허다하다.

장하지 시인은 재능이 뛰어난 딸 다섯을 특별하게 성장시키고 성공시키는 데에 투신하는 듯했고 시의 우선순위는 뒤로 밀어두는 것 같았다. 언젠가 이젠 시집을 낼 때가 되지 않았느냐고 물었을 때 그의 대답은 회의적이었고 부정적이었다.

"제 시를 누가 읽겠어요? 저까지 책을 낸다면 공해가 될 것입니다."

오랜 고민 끝에 내놓은 말처럼 들렸다. 아무리 그가 그렇게 말했더라도 그 후 여러 해가 지나도록 다시 설득하고 권하지 않은 것은 나의 불찰이었다. 지금에야 후회한다.

장하지의 시에서 가장 돋보이는 것은 유심과 유정이다. 인간을 바라보는 그의 따뜻한 시선, 따뜻한 배려. 그 따뜻함을 휴머니즘이라고 지칭하는 것은 너무 두루뭉술하여 본질을 약화시키는 표현이 될 것 같다. 그렇다고 사랑이라고 말하는 것도 너무 가벼운 느낌이 들어 불완전하다는 생각이 든다. 그에 상응하는 적절한 말이 무엇일까. 궁리하였으나 여기서는 부족한 대로 그냥 사랑이라고 말하는 수밖에 없다.

시를 쓰는 일은 사랑에서 발원하여 사랑을 고백하고 다시 사랑을 재생하고 증식시키는 작업이니까. 장하지 시인이 오랜 침묵 끝에 다시 시를 발표하고 시집을 묶는 일은, 침묵하였던 그 시간의 길이를 덮고도 남을 만한 열정의 표현이라고 생각하고 있으니까.

장하지의 사랑은 혈족에서 이웃으로, 민족으로, 인류로, 사람 존중의 정신으로 확대된다.

> 세계는 하나
> 지구를 촌락으로,
> 그러나 나는
> 그녀의 이름도 성도 오래도록 몰랐다
> 혼혈 가수라는 것 밖에는

가발을 쓰고 밤으로 가는 TV 쇼에 출연한
두툼한 입술의 인순이
오늘밤
그의 노래하는 몸짓에
내 가슴은 왜 이리 조여드는가

세계를 하나로
지구를 촌락으로,
사랑을 앞세우고 손에 손을 잡자는 인순이
동서양 문물이 넘치는 이 시대를
앞장서서 부르짖는 인순이

곱슬머리 검은 얼굴의
아버지에게 버림받은
미운 오리 새끼였던 그녀
오열을 노래와 춤으로 엮어
별이 된 그녀
운명을 들쳐 매고
하늘에 뜬 인순이

－〈인순이〉 전문

   장하지 시인의 시 수십 편 가운데서 〈인순이〉는 그의 특성을 가장 포괄적으로 드러내고 있다. 전혀 어려운 말을 쓰지 않고도 우리들의 느낌을 가장 가까운 거리에서 밀착시켜 포개어주고 있다. 시인은 '인순이'라는 가수를 '곱슬머리 검은 얼굴의/아버지에게 버림받은/미운 오리 새끼'라고 말한다. 시인이 생각하는 '버림받은 미운 오리 새끼'는 '인순이'라는 특정한 인물로 한정되지 않는다. 그것은 우리들이 외면하고 있는 약자, 그늘진 우리의 역사, 일그러진 우리들의 얼굴이다.

그러나 시인을 포함한 우리들은 그녀를 혼혈의 가수라는 것만 알 뿐, 오래도록 관심밖에 밀쳐두었었다. 그녀를 방관하였던 죄책감으로 시인은 미안하고 부끄럽다. '가발을 쓰고 밤으로 가는 TV 쇼에 출연한/두툼한 입술의 인순이'를 보면서 시인의 가슴은 사뭇 조여든다.

시인의 관심은 그가 어떻게 악조건을 딛고 인간 승리의 표상처럼 오늘에 이르렀는가에 있지 않다. 버려진 존재인 그가 겪어낸 외로움과 소외감, 고통에 잠겨서 그와 함께 아파하고 슬퍼하면서 가슴의 상처를 들여다보고 있는 것이다. 연민과 애련의 시인 장하지는 노래하는 인순이보다 더 큰 부르짖음으로 응원하고 있음을 알 수 있다.

그가 이제 하늘에 뜬 별처럼 '세계를 하나로, 지구를 촌락으로' 오열하듯 몸부림치듯 토해낼 때 시인은 그가 대견스럽고 자랑스럽기까지 하다. 이러한 인간애를 읊은 시들은 장하지의 시 정신을 관통하고 있는 정신의 소산이다. 약자에 기울이는 그의 관심과 사랑은 버려진 것에 대한 각별한 반성과 가책으로 이어진다.

-(…)
비틀리는 입으로도
바르게 말하려고 애쓰는 너를 보면
바로 놓인 입으로 어긋나는 말들을
서슴없이 뱉어내는 내가 부끄럽다

실한 몸으로 누구보다 우렁차게 태어난 네가

신생아 황달의 고비를 이기지 못하고
뇌성마비가 되었을 때
네 어미아비의 가슴 저미는 죄책감을 보면서도
나는 어쩔 수 없는 방관자였다
할머니가 너를 보지 않고 구천으로 가신 것은
복이라고 나불대면서

일곱 살에야 겨우 설 수 있었고
아홉 살이 되어 비틀비틀 걸을 수 있을 때까지
네 부모에게 절망이며 절대의 희망이었던 너는
가족을 희생으로 뭉쳐 주었다

몸으로 하는 일은 어려우니
생각하는 일을 많이 하겠노라 다짐하는 네가
성한 몸 허우적대며 생각 없이 살아 온 나를
오늘 다시 부끄럽게 하는구나

— 〈조카 지호에게〉

    지호에게 향하는 마음과 인순을 생각하는 마음과의 차이는 혈족이냐 이웃이냐에 따른 표현 방법의 차이일 뿐이다. 뇌성마비가 된 조카 지호의 부모가 얼마나 비통해하는가, 그들의 마음 상태가 어떤 지경에 있는가를 시인도 물론 안다.
    그러나 시인의 친정어머니인 -네 할머니가, 네 험한 꼴을 보지 않고 세상을 뜬 것이 천만다행-이라고 '나불대'었음을 반성한다. 자신은 성한 몸으로도 허우적대면서 아무 생각도 없이 살아왔음을 고백하면서, '비틀리는 입으로도 바르게 말하려고 애쓰는' 지호 앞에서

'바로 놓인 입으로 어긋나는 말들을 서슴없이 뱉어내는' 자신이 한없이 부끄러워진다.

'부모에게 절망이며 절대의 희망이었던 너' 지호는 가족을 희생으로 뭉쳐준 존재이다. 지호는 또 절망이 절대의 희망도 될 수 있다는 진리를 나에게 깨닫게 해주었다. '몸이 부실하니 생각하는 일을 많이 하겠다고 다짐하는' 그는 생각의 전환에 따라 가능성이 무한대로 열릴 수 있음도 가르쳐 주었다. 이러한 일련의 부끄러움과 반성은 주체를 축소 내지 무화시키고 객체의 생명을 긍정하고 중시하는 마음이 없고서는 불가능하다.

장하지의 생명사랑의 시는 〈바이올렛〉에서도 여실히 나타난다.

  갑상선 종양을 떼어낸 동생이
  요오드 치료를 마치고 돌아오던 날
  아파트 입구에 버려진 바이올렛 화분을
  주워들고 왔었다

  죽어가는 모든 것들을 살려내야 해!
  그래야 내가 살아날 수 있을 것 같아
  제 뿌리를 버리고 잎을 잘라
  물에 담가두면 실 같은 희망이 나올 거야

  두 번째 채혈 검사를 하고
  나쁜 세포가 보이지 않으니 치료가 끝났다는 말에
  누명을 벗어버린 사람처럼
  눈물을 쏟아내던 그녀는 송알송알
  잎이 무성한 바이올렛을 안고 돌아가더니

> 삼십년만의 한파를 자랑하던 엄동설한에
> 연보라색 꽃더미 위를 넘실대는 나비처럼
> 소식을 전해 왔다.
> 언니, 바이올렛이 계속 꽃을 피워내고 있어
>
> —〈바이올렛〉 중에서

갑상선 암을 앓는 동생은 아파트 입구에 버려진 바이올렛 화분을 주워들고 왔다. 완전히 죽기도 전에 버려진 화분을 보면서, 동생은 '죽어가는 모든 것들을 살려내야 해! 그래야 내가 살아날 수 있을 것 같아'라고 부르짖었다.

복잡한 관계에서 벗어나 오로지 생명에만 전심으로 진력하듯이 바이올렛의 거추장스러운 뿌리와 잎을 잘라내고 물에 담가두면 새잎이 희망처럼 나올 것이고, 그러면 무서운 병마에서 벗어날 것이라고 동생은 말했다. 그리고 그것은 현실로 이루어졌다. 삼십년만의 한파를 휘두르던 엄동설한에서도 바이올렛은 보라는 듯이 연보라색 꽃을 계속 피워 올렸던 것이다. 버려진 생명을 살려냄으로 '누명을 벗어버린 사람처럼' 다시 살아난 동생은 계속 꽃을 피워내는 바이올렛 소식을 기쁨으로 전해오고 있다.

생명의 절규가 절절한 〈바이올렛〉에서 목숨은 집요하고 무서운 절체절명의 것이라고 시인은 외친다. 인간을 넘어 사물과 생활관습에까지 시인의 유심과 연민의 마음은 지칠 줄 모르고 이어진다. 시인은 길바닥에 떨어뜨린 꽃신 속까지도 바람처럼 스며서 함께 헤메며.(〈꽃신〉) 국수를 삶으면서도 분단된 조국의 이산가족을 생각한다.(〈국수를 삶는다〉) 그가 바라보는 세상과 사물을 연결하여 관통하는 것은 버려진 것에 쏠리는 아픔과 긍휼히 여김이다.

2.

'누가 이 사람을 모르시나요?'
광복기념 이산가족 상봉의 날
이 애절한 노래로 세상이 들끓던 저녁
나는 잔치 국수를 삶고 있었다.

감자와 애호박, 대파를 적당히 썰어 두고
통 깊은 냄비에 넉넉히 물을 채우고
불을 지폈다.

억만년이 지나도 다독일 수 없는 것은 무엇일까
굳은 이념처럼 세상 물정 모르고 뻣뻣하던
면발도 끓는 물에 부드러워진다면

부러지지 않고 부드러워지는 곳이
뜨거운 냄비 속 세상일지라도 그토록
오랜 이별과 짧은 만남이라니

부글부글 끓어오르는 거품을 제거하고
탱탱한 면발을 마련하기 위하여
몇 방울의 찬물을 끼얹는 일을 반복하고 있었다.
'이 세상 끝까지 가겠노라고 맹세를 하―던'

> 짧은 이별 긴 만남을 위하여
> 담백한 다시마 국물에 긴 면발의
> 눈물의 잔치국수를 삶고 있었다.
>
> —〈국수를 삶는다〉

 이산가족 상봉이 국수를 삶는 일과 무슨 관련이 있는가 묻는 것은 장하지앞에서 어리석은 일이다. 그는 국수를 삶아내는 절차와 방법을 분단된 조국의 비극적인 대립과 망설이지 않고 병립시킨다. 마치 국수를 삶는 방법이나 절차에 따라서 민족의 불화와 대립이 완화될 수 있는 것처럼, 그리고 삶아낸 국수의 맛에 따라 이산한 가족의 슬픔이 해결될 수 있는 것처럼 마음을 바쳐서 국수를 삶는다.
 장하지 시인은 생활과 시를 이분화하지 않는다. 시는 생활 속에 있고 생활은 시로 이어진다. 장하지 시인에게 시가 될 수 없는 소재는 이 세상에 존재하지 않는다.
 들깨를 볶으면서도 그는 인간의 탐욕을 가라앉혀 줄 것을 간청하기도 하고 (〈들깨〉), '내 집 비밀한 곳을 아지트 삼아' 끊임없이 번식하면서 살림살이들을 핥고 다니는 존재, '구석구석 나의 일상을 뒤틀리게' 하는 바퀴벌레에게도 격을 부여하여 대화를 요청한다.(〈바퀴벌레와 함께〉) '인생이란 하룻밤의 오락으로 무너지는 것은 아니' 라면서 슬롯머신을 눌러 요행을 꿈꾸는 인간의 취미를 옹호하기도 하고(〈라스 베거스를 통하여〉), '남발한 부도수표처럼 죽음들이 널려 있는 성당의 묘지에 어머니를 묻고 온 날' 도 마른 나뭇가지에서 눈을 뜨는 홍매화를 바라보고, 언덕바지 아파트 창밖으로 얼핏얼핏 홀로 나는 새를 바라보는 시인의 모습(〈근황〉)은 그가 이미 현실과 꿈, 생활과 시의 간격을 극복하고 있음을 말해준다고 하겠다.

　미국에서 태어나 거기서 자란 조카가 한국 방문을 했을 때, 지금은 무너지고 없는 옛날의 집터에서 조리개를 연다. '신작로 위의 먼지처럼 멀리멀리 날아 가버린 내 아버지/그러나 네 아버지와 나의 길이었던/네 할아버지/가슴 속에만 남아 있는/인화될 수 없는 필름 몇 장'(〈필름〉)을 그려내기도 하고, 여섯 살 아이에게 수영을 가르치면서, '아이야, 네 몸은 물에서 태어났단다/엄마 품 속 같은 요람에 눕듯이/물에 몸을 맡겨 보렴/물은 너를 그냥 가라앉게 두진 않아', '맨 몸으로 우리는/어디든지 갈 수 있어'라고 본능과 체험이 교직된 진실로써 아이를 설득하기도 한다. (〈수영〉)

　　　－전략－
　　　상한 곳을 도려내려 사과를 잘랐더니
　　　씨방 가까운 속살부터 상해 있네요
　　　한결같으리고, 믿음직한 냉장고에 보관해 둔
　　　양파와 마늘씨는 상한 제살을 비집고
　　　새 순을 키우고 있어요, 선생님
　　　잘 지도해 주시겠지 믿고 보낸
　　　우리 아이들의 학교생활은 안전한가요?
　　　－후략－
　　　　　　　　　　　　　　　　　－〈속이 상하다〉에서

　상한 사과를 깎으면서 그는 인간의 교육과 교화에 대하여 생각한다. '양파와 마늘씨가 냉장고 안에서'도 '상한 제 살을 비집고 새순을 키우'는데, 믿고서 학교에 맡겨둔 아이들이 상하지 않을까, 상했다가도 다시 돋아나겠지 혼자 자문자답하고 있는 것이다. 부패를 막아주는 냉장고와 교육과 선도의 역할을 담당하고 있는 학교의 대비는 장하지의 독창적인 메타포어로서 매우 기발하고 적절하다.

3.

장하지의 이번 시집에서 가장 마음에 드는 시 한 편을 고르라고 한다면 나는 망설이지 않고 〈은혼식〉을 꼽겠다. 여러 해 전에 읽고 좋아했던 시인데 지금 읽어도 역시 아름답다는 생각에 변함이 없다. 시간을 격해서 만나도 여전히 마음을 흔드는 아름다움의 정체가 무엇인가, 다음에서 함께 읽어보자.

> 그해 봄 그이와 내가 처음 손을 잡은 곳은
> 순천만 대대의 갈대밭이었습니다
> 동천과 서천에서 흘러 든 물이 순천만 대대에 이르고
> 육중한 파도의 어깨를 막아 선 방파제를 따라
> 내 키보다 높게 자란 초록빛 갈대숲은
> 하느님의 악상처럼 풍성했습니다
> 쏟아지는 태양,
> 사운대는 바람 속에
> 그이와 나는 속삭임처럼 다정한
> 이름 모를 새들의 울음소리를 들었습니다
> 울어도, 울어도 고단하지 않은 울음소리…
> 나는 그 새를 잡고 싶었습니다
> 금방이라도 하늘로 초록빛 날개를 펼칠지도 모를

그 새는 몇 개의 소중한 알을 갖고 있을 것 같았습니다
종일 순천만 대대의 긴 갈대밭을 헤매었을 뿐
우리는 그 새를 보지도 못했습니다
갈대새!
갈대밭에서 우는 새를 우리는 그렇게 부르기로 했습니다
갈대새는 멀고 가까운 갈대 숲 여기저기서 보일 듯 보이지 않고
울고 있었습니다
갈대새! 갈대새! 갈대새!
바다를 쓸어 오는 촉촉한 바람 끝에 들려오는 울음소리
나의 마음은 그 갈대밭에 남겨진 채로 봄이 갔습니다
지난여름 그이의 손을 끌고 다시 순천만 대대에 갔을 때
놀랍게도 그새가 종달새임을 알았습니다
종달새는 왜 갈대새가 되었을까요?
나의 새는 종달새일까요, 갈대새일까요
가을이 오면 갈대새는 어떻게 할까요

―〈은혼식〉

'은혼'이란 결혼 25주년을 일컫는 말이다. 그러므로 대부분의 독자는 〈은혼식〉이라는 제목으로 미루어 결혼생활의 변천과정, 거기에 얽힌 삽화를 미리 기대할 수 있다. 그러나 위의 시는 독자의 그러한 기대에 부응하지 않는다. 보다 확대된 인생의 의미, 인간의 추구하는 절대가치에 초점을 맞추었다.

우리가 〈은혼식〉을 읽으면서 속기와 치기를 완전히 벗은, 웅혼하고 그윽한 화음을 들을 수 있다면 여기 담겨진 고차원한 상징 때문일 것이다. 이 시는 '그해 봄 그이와 내가 처음 손을 잡은 곳은 순천만 대대의 갈대밭'이었다는 말로 시작된다. 동천과 서천에서 흘러 든 물이

도달하는 곳, 순천만 대대의 그해 가을은 세계라고 하는 공간과, 역사라고 하는 시간의 축소판으로 보아야 할 것이다. 인간은 어차피 세계의 한 지점 역사의 한 순간을 살아가기 마련 아닌가.

거기 방파제를 따라 키보다 높게 자란 초록의 갈대숲이 하나님의 악상처럼 풍성한 곳에서 '쏟아지는 태양'과 '사운대는 바람 속에서' '속삭임처럼 다정한 이름 모를 새들의 울음소리를' 듣는다. 마치 이들의 사랑을 축복하는 우주와 자연의 코러스가 아닐까 하는 생각을 독자로서도 하기 마련이다.

그러나 시인은 이제 처음 손을 잡은 '그이와 나의' 속삭임은 뒤에 감추고 이름 모를 새로 하여금 대신 속삭이게 하였으며, 그 이름 모를 새를 '갈대새'라고 불렀다. '울어도, 울어도 고단하지 않는' 소리로 우는 '새의 울음소리는 '바다를 쓸어 오는 촉촉한 바람 끝에'서 들려왔다.' 금방이라도 하늘로 초록빛 날개를 펼칠지도 모를 '갈대새를 시인은 잡고 싶었다. 어쩌면 그 새는 '몇 개의 소중한 알을 갖고 있을'지도 모른다고 생각하였지만 종일 갈대밭을 헤매어도 새를 볼 수조차 없었다. 인생의 도정이라고 하는 예측할 수 없는 길. 그 길에서 끝없이 우짖어야 할 일들. 갈대새는 두 연인이 앞으로 살아갈 삶이요, 추구해야 할 꿈으로 환치할 수 있을 것이다.

'나의 마음은 그 갈대밭에 남겨진 채로 봄이 갔습니다'라고 시인은 말한다. 마치 봄이 한 번만 간 것처럼 했지만, 여러 해의 봄을 넘겼을 것이다. 여러 해가 지났다고 짐작하는 것은 이 시의 제목 '은혼식'이 암시한다. 여러 해가 지난 후 지난여름에야 '처음 손을 잡았던' 그곳으로 그의 손을 끌고 다시 갔을 때, 옛날의 갈대새는 바로 종달새라는 것을 알았다.

옛날에 모르던 것은 지금 알게 된 것은 그만큼 연륜이 익었기 때문이요, 젊었을 적에 모르던 인생의 진리를 하나씩 터득했기 때문일 것이다.

그러나 시인은 묻는다. '나의 새는 갈대새일까요, 종달새일까요' 이 물음은 예전과 지금, 어쩌면 달라졌을지도 모르는 자신의 가치관과 이념, 삶의 목적을 묻고 있는 것이다. 그리고 지금의 종달새가 아닌 예전의 갈대새, 가을이 오면 그 갈대새는 어떻게 할까 궁금히 여긴다. 그 갈대새의 향방에 따라 시인은 인생의 궤도를 수정할 수도 있을 것 같다.

시 〈은혼식〉은 시인의 결혼과 애정, 인생의 과정을 요약한 시다. 그러나 시인은 개인적인 감정에 몰입하면서도 지경을 확대하여 공동의 감정으로 제시하였다. '갈대새' 려니 여기면서 좇아가던 그날의 새가 은혼의 지금 종달새라는 것을 깨닫듯이 우리들의 가치관도 세월과 함께 달라진다. 〈은혼식〉은 인생의 과정과 의미, 인간의 가치관을 은유했다고 할 수 있다. 시인은 우리의 현실과 이상, 가능과 불가능을 가늠하면서 끝내 버릴 수 없는 꿈을 순천만 대대 갈대밭을 나르는 이름 모를 새를 통하여 폭로하듯이 제시하였다.

시인은 버려진 것에 기울이는 사랑을 읊을 때 자신을 저미는 자책으로 움츠러들었다. 그러나 〈은혼식〉에서는 거시적인 시각으로 자신과 세계를 바라보는 대범함을 보여준다. 여기서 시인의 이타적인 성향을 볼 수 있다고 해도 비약은 아닐 것이다.

장하지 시인은 첫시집 『갈대새』의 출간을 계기로 하여 '절대의 희망'으로 새로운 도약을 시작할 것 같다.

장하지 시인은 사람에 대한 사랑이 혈연에 대한 사랑으로부터 시작된다는 것을 입증이라도 해주려는 것 같다.

 그의 시의 과반수가 사람을 향한 사랑이라는 것은 놀라운 일이다. 사람을 좋아하고 사람을 아끼기 때문이겠지만 사람과 더불어 향토의 지명들도 특별히 많다는 것은 사람과 더불어 누렸던 삶, 그 삶에 대한 아름다운 기억 때문일 것이다. 그들 지명은 단순히 어느 곳을 지칭하는 이름이 아니라 지금 살아서 다가오는 듯 특별한 울림을 전해주고 있다.

> 다시 태어난다면 나무로 태어날래
> 돌아서지 않고 한자리에 서서
> 바람을 날라다 주며 푸르게
> 푸르게 그늘 내려 품어주는 나무
> 묵묵히 바라만보는 나무로 태어날래
>
> 아니야, 그래도 사람으로 태어나자
> 우리 다시 태어나서 사람으로 만나자
> 너를 만나 나무를 심고
> 나는 네 안에, 너는 내 안에
> 서로를 가꾸는 거름이 되자
>
>   -〈우리 다시 태어난다면〉

 사후의 환생에 대한 생각을 대상자를 향해 설득하듯이 이어간 위의 시는 시인 장하지의 인간과 인간세상, 그리고 인생을 바라보는 시각을 알게 한다. 시의 청자는 한 사람인 것처럼 보이지만 여러 사람일 수도 있다. 1연에서는 나무로 태어날 것을, 2연에서는 사람으로 태어날 것을 권유하고 있으며, 시인의 목소리는 1,2연 모두가 진지하다. 1연과 2연이 외견상으로는 서로 다른 주장을 하고 있는 듯이 보인다. 그러나 그 둘이 대립하지 않고 병행하는 것은 1연에서도 2연에서도 사람이 사람을 위하고 염려하고 사랑하는 모습에 다름이 없기 때문일 것이다.

다시 태어날 때는 나무로 태어나겠다고 말하는 것은 나무가 배반하지도 않고 변덕을 부리지도 않기 때문이다. "바람을 날라다 주며 푸르게/푸르게 그늘을 내려 품어 주"면서 묵묵히 바라만 보는 나무, 사랑을 쌓는 나무, 후생에 나무로 태어나자는 말에는 어떤 결핍도 없고 하자도 없다. 그럼에도 불구하고 시인은 다시 2연에서 1연의 나무가 되자는 주장보다도 강하고 신념에 찬 주장을 하고 있다.

시인은 "아니야, 그래도 사람으로 태어나자/우리 다시 태어나서 사람으로 만나자"고 한다. "그래도"란 무엇인가, 나무로 태어나는 것도 물론 좋지만 그래도 사람으로 태어나는 것이 낫다는 것이다. 사람으로 태어나서 살아온 우리의 생애를 돌아다보면 슬픔이 기쁨보다 많았지만 "그래도", 한 평생 근심과 우환과 질곡이 많았지만 "그래도", 희망을 잃고 비틀거렸으며 앞이 보이지 않을 만큼 어두웠지만 "그래도"인 것이다.

"그래도 사람으로 태어나자, 우리 다시 태어나서 사람으로 만나자"고 하는 말이 피맺힌 울부짖음으로 들리는 것 같다. 시인의 말은 "거꾸로 매달아도 세상이 좋다"는 범속한 종류의 말이 아니다. 인간과 세상을 동시에 포기하지 않겠다는 말처럼 들리며, 불굴의 극복의 의지를 선포하는 말처럼 들린다. 사람으로 만나서 "너를 만나 나무를 심고/나는 네 안에, 너는 내 안에/서로를 가꾸는 거름이 되자"는 제안은 후생에 사람으로 태어나서 나무를 심자는 말, 서로가 서로의 삶을 양육하자는 다짐이다. 사랑의 확신이 없고서는 이러한 헌신과 희생까지 조건으로 내세울 수는 없을 것이다.

> 우리 동네 버스 정류장에
> 가로수로 자란 은행나무 몇 그루가 있는데요,
> 간이음식점이 있던 자리에 카센터가 들어서고는
> 그 중 한 그루 은행나무가
> 여름부터 헉헉대며 타들어가네요
>
> 전쟁 때 나를 업고 피난 가던 큰언니
> 온 몸에 황달 퍼져 세상 떠난 지아비 그리며
> 바람막이로 삼남매 지켜내던 언니
> 자동차의 속병 고쳐주며 흘리는 매연
> 멀리 퍼지지 않게 온몸으로 막아서는
> 카센터 앞 저 은행나무는
> 쓸개즙보다 더 쓴 세상 살아 온 언니처럼
> 그저 창공을 바라보며 타고 있네요.
> 　　　　　　　－〈은행나무 한그루가 타고 있네요〉

"볕바른 툇마루에 앉아/어머니의 발톱을 다듬어주는/남편의 모습"을 보면서 아름답다고 생각하는 시인이 아름답다. 뇌성마비를 앓는 일곱 살 조카 지호가 걷기 시작했을 때 '첫 걸음을 떼었어요' 기뻐서 웃던 "올케의 밝은 웃음소리가 (너무나도 아름다워서 귓전을) 떠나지 않는다는 시인의 분별이 아름답다. 세상에서 사람처럼 아름다운 것은 없다고 믿고 있는 시인의 말처럼 아름다운 사람의 세상이다.

시인은 묻는다. "무엇이 사람을 저리 아름답게 하는가! 무엇이 사람을 꽃처럼 피어나게 하는가. 우리는 그 대답을 얻기 위하여 굳이 고심할 필요가 없으며 그 대답을 다투어 내놓을 필요도 없다. 독자들은 시인과 이심전심으로 젖어서 시인의 마음에 이미 동참하고 있다는 것을 스스로 알고 있을 테니까.

아름다운 사람의 모습들이 "나에게 행복을 일러주던 날들"을 기억하는 시인은 그것은 사람만이 만들 수 있는 풍경이라고 말하고 싶어 한다. 장하지에게 자연을 읊은 시들도 많지만 그에게는 자연이 사람과 독립하여 존재하지 않는다. 사람이 자연이고 사람이 풍경이다. 아무리 아름다운 자연도 사람이 있음으로써 비로소 그 아름다움을 완성하여 제대로 발휘할 수 있게 된다는 것이다. 이 시인에게 사람을 능가할 만큼 아름다운 자연은 없으며 사람보다 그윽한 풍경도 없다.

사실 시인이란 무엇을 하는 사람인가.

세계와 자아와의 관계를 새롭게 발견하여서 그 세계에 새로운 이름을 부여하고 그 존재 가치를 해석하는 일이 아니겠는가. 이러한 일은 세계와 자아를 동일시함으로써 이루어진다. 그리고 이러한 동일성을 발견하려는 시인의 시각을 '시적세계관'이라고 한다. 장하지 시인은 우리 동네 버스정류장에 무슨 나무가 서 있는지 그 나무의 건강은 좋은지 나쁜지, 나쁘면 언제부터 나빠졌는지. 동네 카센터가 들어서기 전에는 그 자리에 어떤 가게가 있었는지, 그는 거슬러 생각하며 걱정에 잠긴다.

시인의 이러한 관심과 애정은 세계와 자아의 동일성을 발견함으로써 시작된다. 즉 카센터에서 내뿜는 매연에 시달려 "여름부터 헉헉대며 타들어가"는 한 그루의 은행나무는 객관적 타자가 아니라 자아(큰

언니)인 것이다.

　시인은 은행나무와 큰언니를 동일시함으로써 "전쟁 때 나를 업고 피난 가던 큰언니/온 몸에 황달 퍼져 세상 떠난 지아비 그리며/바람막이로 삼남매 지켜내던 언니"를 사랑과 연민과 괴로움으로 바라보고 있다. "자동차의 속병 고쳐주며 흘리는 매연"을 더 "멀리 퍼지지 않게 온몸으로 막아서" 있는 카센터 앞 은행나무처럼 큰 언니는 자기 한 몸을 바쳐 바람을 막아주고 지켜냈다. 은행나무가 큰언니처럼 쓸개즙보다 더 쓴 세상에서 창공을 바라보며 타고 있다고 생각하는 시인의 마음은 은행나무(큰언니)와 함께 타고 있을 것이다. 그리고 그것은 혈연을 넘어서 인류를 반경으로 하는 더 큰 사랑의 시작이 될 것이다.

　장하지의 시는 진지하다. 성실한 인간성을 반영하는 듯 장하지의 시는 온건하다. 어떤 말로 유혹한다 해도 그는 타고난 틀로부터 벗어나지 않을 것이다. 계속 시를 쓰기 바란다.

허갑순의 시

허 갑 순 ─────────────

1995년 『시와 산문』으로 등단.
시집 『강물이 흐를수록 잠은 깊어지고』, 『나무들』등 다수.
평론집 『현대시의 시간과 공간인식』, 『현대시와 낭만적 층위』
한국녹색시인, 원탁시, 기픈시 동인으로 참여,
현재 조선대학교, 동신대학교 외래교수로 출강.
제2회 서울시인상, 제2회 국제펜광주문학상을 수상
E-mail:hks3319@hanmail.net

시인과 나무

Ⅰ. 시인 허갑순

 나는 문득 "시인은 자유로운 영혼의 소유자다."라는 말을 입속으로 뇌인다. 그 말은 누가 남긴 말인지, 내가 즉흥적으로 중얼거리는 말인지 그런 것은 확실하지 않아도 좋다. 아마도 시를 읽는 동안 도처에서 발견한 시인의 자유로운 영혼이 내 입을 빌어서 부지불식중에 튀어나왔을 것 같다.
 시인 허갑순, 그는 아무 제한도 저항도 없이 공중을 유랑하던 끝에 지금 어느 나무 아래서 하늘을 보고 있다는 생각, 하늘을 보면서 다시 비상을 꿈꾸고 있다는 생각, 그리고 역시 반전과 몽환과 역류의 물결을 타고 흐르다가 깜짝 놀랄 만한 광석을 내밀지도 모른다는 생각이 든다.
 허갑순 시인은 박사학위를 받은 후 곧바로 『상처도 사랑이다』를 상재하였고, 바로 이어서 다섯 번째 시집 『나무들』을 발간하였다. 그가 학위과정 중에도 줄곧 시를 옆에 두고 살았다는 것을 입증한 것이다.

허갑순 시인의 이번 시집 『나무들』에 실린 시들은 한 마디로 그간의 배가된 중량감을 충분히 과시하고 있다. 그런데 필자에게는 왜 그의 정착과 안정이 오히려 쓸쓸하게 다가오는 것인지 모르겠다. 그가 오래오래 종횡무진 자유로운 시인, 젊고 탄력에 넘치는 시인이기를 나는 속으로 바라고 있는 것인가.

Ⅱ. 나무와 어머니

우리는 시와 시인을 동일시하면서 거기서 시인의 현실과 생활을 유추하는 경우가 많다. 그것은 때로 많은 부분 일치하기도 한다. 그러나 은유와 상징이 복합적일 때 독자들은 시를 완전히 이해할 수도 없거니와 시인의 상황을 짐작하기도 어려워진다.

시로 표현된 것은 실재하는 현실보다 까다로울 수도 있고 괴팍할 수도 있다. 그것은 언어 예술이라고 하는 시가 보다 특수하고 새로운 것을 지향할수록, 거기 부응하려는 시인의 노력도 예사롭지 않기 때문일 것이다.

허갑순이 『나무들』에서 언급하고 있는 나무들은 우리가 지금까지 관계로 맺어온 삼라만상의 자연물과 구별되는 나무다. 아리스토텔레스가 예술기원이론으로 언급한 모방론에서의 자연이나, 프레밍거가 시학사전에서 문학의 진실성을 가늠하는 기준으로 생각했던 자연물로서의 나무와는 일치하지 않는다.

허갑순 시인의 나무들은 한 그루 나무로 나타난 인격체인 동시에, 한 그루 나무로 서 있는 세상이며 현실이다. 시인이 만나는 세상은 나무들로 은유된 세상, 시인의 언어는 나무의 언어, 시인의 정서는 나무들의 정서다. 그 가운데서도 특히 시인은 나무들과 어머니의 모습, 어머니의 삶, 어머니의 생애를 동질의 것으로 바라보았다.

평생을 외로움을 몸에 두르고 살아온 어머니, 홀로 슬픔을 다독이면서 나무처럼 침묵해온 어머니였다. 누구에게 있어서나 모성에 기울이는 정서는 애틋한 연민과 그리움이라는 점에서 공통될 것이다. 그러나 허갑순의 모성에 대한 그것은 역설적 원망과 일탈, 때로는 외면과 도주에 가까운 것으로 그의 잠재의식 속에서 깊은 물줄기를 이루면서 흐르고 있다.

시인은 자아로부터 나무, 나무로부터 어머니, 어머니로부터 다시 자아로 돌아오는 순환적 고리를 보여준다.

가파른 언덕길을 오르면서
나무들과 함께 오르면서
나는 아무도 몰래 숨이 턱에 찬
어머니를 데리고 갔다
어머니는 자꾸 나를 앞서 가고
나는 어머니를 따라서 부지런히 걸었지만
제자리를 맴돌 뿐 한 발자국도
옮기지 못했다

어머닌 나를 당신의 복제품이라 하였고
나는 어머니의 복제품이란 말에
화가 나 있었다
가파른 비탈길을 오르다가
나무들도 함께 오르다가

> 나는 부끄러워진 채 암수 한 몸인
> 나무들을 따라 갔다
> 나무들은 어머니의 유언대로
> 수많은 알들을 까기 시작했다
> 천지창조가 다시 시작되고
>
> -〈나무들·14〉

 모녀는 나란히 걷는다. '나란히 걷는다' 함은 '나란히 살아간다' 는 것이며, 나란히 살아간다는 말은 어머니를 삶의 동행자로서 새기고 있다는 말이다. 화자는 "나는 아무도 몰래 숨이 턱에 찬 어머니를 데리고 갔다"고 하였다. 여기서 "아무도 몰래"는 "데리고 갔다"를 수식하는 것인지, 아니면 "숨이 턱에 찬"을 수식하는지 분명하지 않지만 "데리고 갔다"에 연결되는 것으로 이해하는 것이 좋을 것 같다. 즉 시인은 다른 사람들이 눈치 채지 못하게 은밀히 삶이 고달픈 어머니를 부축하며 살았다라고.

 그러나 화자가 어머니를 따라 부지런히 곁에서 걸었는데도 "어머니는 자꾸 나를 앞서 가고" 화자는 "제자리를 맴돌 뿐 한 발자국도 옮기지 못했다"고 술회한다. 시인은 "숨이 턱에 찬 어머니를 데리고"가느라 힘이 들었지만, 어머니의 고달픈 삶이 호전되기는커녕 오히려 가속이 붙은 듯 악화되었다는 말이 된다.

 여기서 독자들을 잠시 멈추게 하는 것은 "나는 어머니의 복제품이란 말에/화가 나 있었다"라고 하는 부분이다. 어머니가 나를 당신의 복제품이라고 하기 전, 시인이 먼저 행여 복제품이 될까봐 염려하고 있었던 것은 아닐까.

 언젠가 허갑순 시인의 산문에서 읽었던 기억이 있다. 어머니가 아들을 생산하지 못하고 계속 딸을 낳았다는 이유로 부당한 대우를 받고 불행한 삶을 살아야 했던 사실을 기록한 글이었다. 그만큼 "가파른 언덕길을 오르"는 듯 고달픈 어머니와 동행하면서 시인은 문득 위대한 천지창조의 질서를 깨닫는다. 일부일처까지도 뛰어 넘어 "암수 한 몸인 나무"를 발견해 낸 것이다.

"어머니의 유언대로 수많은 알을 까기 시작한" 나무는 어머니의 맺힌 한이 무엇인지를 드러낸다. 세상에 남기는 유언으로 채택한 어머니의 말씀. 나무들로 하여금 수많은 알을 까게 되리라는 예언은 강열한 함축성을 가진다. 그것은 시인이 어머니의 사후에 발견하게 된 나무의 생태이며 진리다. 나무의 번식과 인간의 번식을 시인은 교묘한 발상으로 연결하였다.

나무들은 외롭지 않아도
외로움을 탄다
산등성이 무심히 타고 흐르는
바람까지 외로움에 발목이 젖는다
그랬지,
한 뿌리 한 몸으로 뒤척여도
언제나 혼자서 슬픔을 다독이던
어머니, 그 어머니의 가슴 속에서는
언제부터인가 슬픔의 나무가 자라고 있었지
사랑도 고이면 썩는다는 어머니 말씀을
나무들 반쯤 베어지고 없어진 지금에야
반쯤은 베어지고 없어진 사랑이 되고서야
끼리끼리 붙어살아도 혼자 외로운 걸
내가 너를 그리워하지 않으면

> 아무도 나를 그리워하지 않으면
> 나무들,
> 나무들은 외롭지 않아도 외로움에
> 허옇게 목이 탄다
>
> —〈나무들·1〉

  외로움이 서식하는 곳은 특별한 곳이 아니다. 외로움은 공간이나 시간의 간격이나 거리와도 연관되어 있지 않다. 외로움은 주관적이고 독립적이다. 그것은 불변의 형태를 지니고 있는 실체가 아니며 대상에 따라 모양을 바꾸는 추상적 기류와도 같다. 그것을 어떻게 대면하고 어떻게 반응하느냐에 따라서 그 존재의 질량이 결정된다.
  "나무들 외롭지 않아도/외로움을 탄다."라는 말은 시인의 주관적 해석이다. 나무들의 외로움은 나무들의 것이라기보다 나무에 가탁한 시인의 외로움, 시인 속에 잠재된 외로움에 지나지 않는다. 나무들뿐만 아니라 나무들이 서 있는 산등성이, 산등성이를 타고 흐르는 바람에게서 발목이 젖는 외로움을 보는 시인. 그는 화려한 꽃이건 종횡무진 자유로운 바람이건 그가 접하는 사물이 무엇이든 외로움을 만났을 것이다. 시인도 이러한 자신의 시각을 알고 있기 때문에 "나무들은 외롭지 않아도/외로움을 탄다."라고 선수를 친다.
  중요한 것은 그 외로움이 어머니로부터 유전되었다는 것이다. 어머니는 여러 가족과 "한 뿌리 한 몸으로 뒤척여도" 언제나 혼자 가슴을 다독이면서 일평생 슬픔의 나무를 길렀다. 시인은 "사랑도 고이면 썩는다"는 어머니의 말이 절규처럼 파고드는 이유를 구태여 발설하지 않는다. 다만 표현을 거부당한 사랑, 슬픔을 앓고 있는 어머니에 대한 유대감이 시인과 어머니를 질기게 결속하고 있을 뿐.

  어머니가 지키는 길은 순탄하지가 않고 "시퍼렇게 멍이 난 길"이다.(〈나무 15-길 참조〉, 그 길 끝에서 어머니는 손을 흔들며 나를 부른다. 어머니의 손짓은 내게 다른 길을 일러주기 위한 것이다. 아직도 평탄지 못해서 "늪으로 남아있는 어머니가 그 자리에 주저앉아 길"을 닦고 있는 것이다. 불행했던 당신의 족적을 지워버리고 새 길을 열어주려는 의도로 그렇게 했을 것이다.

>어머니는
>자주 넘어졌다
>그럴 때마다 가느다란
>나뭇가지에 기댔다
>손에 겨우 잡힐 듯
>한 움큼 목숨도 그래서
>질겼을까
>굵은 가지는 처음부터
>어머니의 몫이 아니었다
>나뭇가지는 나무들의 심장은
>아니지만
>심장 같은 아이들이 나뭇가지에
>올망졸망 매달려 있었다.
>
>   -〈나무들·20〉

  어머니는 넘어질 때마다 가느다란 희망에 기대어 목숨을 견뎠다. 살아있는 동안은 언제나 관심의 중심에서 밀려난 어머니, 생명의 과녁인 심장으로 살아가지 못하고 나뭇가지로나 겨우 살아간 어머니.

그나마 굵은 가지는 처음부터 당신의 몫이 아니라고 어머니는 생각하였을 것이다. 시인은 그래도 올망졸망한 열매들이(아이들이) 매달려 있는 나뭇가지가 바로 나무의 심장이라고 말하고 있다.

어머니는 이제 이 세상을 떠나서 어등산 자락을 베고 가죽나무가 되어 누워 있다.(〈나무들 19〉) "가죽나무 그 독한 향기를 잎 대신 따서"라는 구절로 보아 독자들은 가죽나무의 강인성을 엿볼 수 있을 것이다. 어머니는 가죽나무의 생리를 시인에게 이식하여 가죽나무처럼 강인하게 살기를 염원했을 것이다.

나무가 된 시인의 어머니는 나무처럼 수동적이 아니다. 나무가 되어서도 딸의 생활에 적극적으로 참여하고 열성을 다하여 길을 열고 길을 풀어나간다. 그것은 시인인 딸이 어머니를 놓아주지 않는 것과 팽팽하게 병립한다. 시인은 어머니의 부재를 인정하지 않는다. 어머니의 잦은 기침소리를 들으면서 어머니의 손길에서 흔들리기도 하고 멀미도 앓는다. 그리고 자신의 내부에 나무를 모종하여 어머니의 기후를 생활한다. 그의 시야에서는 오래된 고향마을 동구 밖에서 어머니가 언제나 손을 흔들고(〈나무들 55〉) 있다.

Ⅲ. 나무와 시인

우리는 허갑순의 시에서 '나무'를 독립된 어휘로 분리하기가 어렵다. 나무가 시인과 혼융일체의 상태에 있으므로 그것을 따로 떼어 버린다면 남아 있는 것이 없을 수도 있다. 나무는 시인과 투사되고 동화면서 동일체를 이루고 있기 때문이다. 나무는 어머니이며, 어머니는 자아, 자아는 나무의 상태를 유지하고 있다는 것이다. 시인은 나무로 존재하기도 하고 나무와 공존하기도 하면서 뒤처지거나 앞서지 않고 나무가 걸어가는지 시인이 걸어가는지 모르게 하나가 되어 걸어간다.

앞에서는 시인의 표현여부와 관계없이 '어머니'라고 하는 어휘가 본래 함유하고 있는 인류 공통의 연민과 그리움과 흠모의 정서로 함께 묶었다. 그러나 우리는 다시 나무를 대하는 시인의 특수한 시각과 시인의 내부에 상주하는 '허갑순표 나무'를 대하게 된다. 이는 독자에 따라서 생소하게 보일 수도 있고 난해할 수도 있지만 여하튼 나무는 침묵할 줄 아는 나무이며, 침묵하면서 흔들릴 줄 아는 나무, 돌아서 있지 않고 당당히 정면으로 대응하는 나무다. 그리고 내심으로는 충족을 향한 갈망으로 목이 마른 나무이기도 하다. 이런 나무를 대하고 있노라면 마치 인격을 갖춘 사람을 마주하고 있는 것 같다.

시인은 나무들에게서 위로를 받고 나무를 거울삼아 자기 모습을 보면서 생명을 가진 자로서의 자긍심을 느끼고 살 힘을 얻기도 한다. 그리고 살아야 하는 이유를 확인한다.

(1) 흔들리는 나무

　　흔들리면서도
　　당신에게 다가갈 수 없었어요
　　손끝 마디마디 잔인하게 흔들려도
　　당신에게 가까이 다가설 수 없었어요
　　아무도 영혼까지 흔들리는 나를 막지 못했어요
　　그렇게 흔들리기만 하다가 온 몸에 멍이 들고

> 나는 까맣게 썩어 문드러졌지요.
>
> －〈나무들·3〉

　허갑순의 나무들은 슬픔에 흐느끼면서 흔들린다. 그리고 흔들리면서 시달리고 흔들림에 상처를 입기도 하면서 자신의 존재를 알리기도 한다. 위의 시에서 나무는 사랑의 절정에서 울부짖는다. 영혼까지 흔들리다가 온 몸에 멍이 들고 급기야는 "까맣게 썩어 문드러"지는 나무. 이런 나무들은 나무의 보편성과는 거리를 두고 있으며, 자연의 일부라고 말할 수도 없다. 나무를 대역으로 쓴 7행의 짧은 시로 완성한 시인의 연가다.

　나무가 흔들리는 것은 연모 때문이며 주체할 수 없어서 넘치는 속의 열기 때문일 것이다. 흔들린다는 말이 놓일 자리에 사랑한다는 말을 대입하면 금방 그 본의가 무엇인지 알 수 있을 것이다. 다음의 시에서도 시인의 애정관을 엿볼 수 있다.

> 바람이 불지 않는 날은
> 나무들도 흔들리지 않습니다
> 무슨 천금을 입에 머금었는지
> 말도 하지 못합니다
> 창밖으로 지나가는 것들은
> 나무들을 읽지 못합니다
> 나무들이 오래 흔들리고 있었다는
> 사실을 알려고도 하지 않습니다
> 지금, 창 밖에서 머뭇거리고 있는 것들은
> 나무들의 가슴에 고이는 슬픔입니다
> 바람처럼 그냥 스쳐 지나가는

사랑입니다
한 번도 가질 수 없었던 지고지순한
사랑이 아닙니다
어둠도 아니고 바람도 아닙니다
그냥,
척박한 땅에 생각 없이 뿌리내리고
시간을 더듬고 있는 미련 곰탱이 같은
무거운 사랑입니다.

-〈나무들·41〉

  나무는 바람이 불지 않으면 흔들리지도 않고, 흔들리지도 않으면 나무들의 가슴에 고인 슬픔을 알 사람이 없지만, 그래도 나무는 발설하지 않는다. 나무가 바라는 것은 특별한 것이 아니라 "바람처럼 그냥 스쳐 지나가는 사랑"이다. "지고지순한 사랑"도 아니고, "척박한 땅에 생각 없이 뿌리내리고/시간을 더듬고 있는 미련 곰탱이 같은" 사랑이다. 그렇게 진실하고 무거운 사랑인 것이다.

  "보이지 않는 하늘 저편 언덕"을 바라보고 있는 나무, "내 눈은 하루 종일 당신에게 고정되어" "수 십 억 년을 버티"는 나무", "내가 언제나 서성이며 기다렸던 것도/꼭 만나야 할 사람을 아직 만나지 못했기 때문"(〈나무들·5〉)이라고 시인은 나무의 사랑에 동참한다.

슬퍼하지 마
나무들 흐느낀다
오래된 마을 입구에서 흐느낀다
지금 마악 성불한 아기스님까지 흐느낀다
슬퍼하지 마

나뭇가지 흔들린다
낡고 초라한 시골길이 함부로 흔들린다
큰스님 염불소리 뼛속까지 흔들어 놓고
슬퍼하지 마, 나무들
어둠과 어둠을 지나서 네 곁에 이르르면
상한 얼굴끼리 얼굴 부비고
사람들이 그리워, 그리워 여기서
서 있다 잠시 서 있다 갈 수 있게
여기서 흔들리다, 흔들리다 갈 수 있게.
─〈나무들·2〉─상한 영혼끼리

"흔들린다"와 "흐느낀다"가 섞여 있다. 두 말은 속뜻이 동일하다. 흐느끼기 때문에 흔들리고 흔들리면서 흐느끼는 것이다. 그들이 흔들리고 흐느끼는 것은 오랫동안 결속된 관계 때문이다. "어둠과 어둠을 지나서" 서로의 곁에 이르러 "상한 얼굴끼리 얼굴 부비고" 서로가 그리워서 흔들리고 있다. "여기서 흔들리다, 흔들리다 갈 수 있"기를 희망하는 시인은 슬픔을 털어놓고 슬픔을 위로 받는 방법을 찾고 있다.

흐느끼고 흔들리는 것은 "나무들"과 "지금 마악 성불한 아기스님"과 "시골길", 그리고 "큰스님 염불소리"다. 큰스님 염불소리가 뼛속까지 흔들리는데 어찌 이제 막 성불한 아기스님이 흐느끼지 않을 수 있겠는가. 여기서 아기스님을 내세운 것은 애틋한 시적효과를 위한 수사일 것이다.

허갑순의 시는 일정한 목적을 한길로 추구하지 않으므로 특별히 주장하려고 하는 의미 또한 두지 않는다. 시는 원래 전달할 목표점을 가지지 않아야 하는 언어 예술임을 상기시킨다.

(2) 침묵하는 나무

> 나무와 나무들의 사이가 멀다
> 너와 내가 너무 멀리 떨어져 있어서
> 보이지 않는다
> 아득하게 느껴지는 나무와 나무들의 관계
> 가까이 다가가도 말을 걸지 않는 나무
> 천년 묵은 침묵을 또 다른 침묵에 발을 묶어
> 기억의 집을 넘나드는 나무들은
> 그들의 유전자 속에 고독이라는 DNA를
> 발견하고 고독해지기 위해 가을이면
> 그들의 전신을 낙엽으로 훑어 내린다
> 나무와 나무들의 간격이 너무 멀어
> 어느 날 그리움이 울컥 치솟아 오르고
> 나는 고독이라는 그리움을 머리에 이고
> 무소의 뿔처럼 겨울을 건너간다.
>
> ―〈나무들 · 10-고독이라는 그리움〉

나무의 침묵에 대해서는 이미 수많은 시인이 언급하였다. 그러나 허갑순 시인은 나무의 침묵을 나무의 고독에 연관 지어서 표현하고 있다. 그리고 그 고독은 "천년 묵은 침묵을 또 다른 침묵에 발을 묶어 그들의 유전자 속에 고독이라는 DNA를 발견하고" 더욱 "고독해지기 위해 가을이면 그들의 전신을 낙엽으로 훑어내린다"고 말한다.

나무 스스로가 더욱 고독해지려고 했다면 나무는 스스로의 고독을 자랑과 긍지로 받아들였다는 말이 된다. 그래서 나무는 "가까이 다가가도 말을 걸지 않는"지도 모르겠다.

그러는 한편 시인은 나무가 침묵하는 이유는 "나무와 나무들의 사이가 멀"기 때문이며 "너와 내가 너무 멀리 떨어져 있어서 보이지 않"기 때문이라고 하였다. 그것은 소박하고 천진한 시각인지도 모르겠다. 고독이란 두 개체 사이의 물리적인 거리가 어느 정도인가, 사물 사이의 간격이 얼마나 멀리 떨어져 있느냐와는 무관할 것이다.

시인은 또 고독의 다른 이름을 그리움이라고 하였다. 고독하기 때문에 그립고 그리움이 있기 때문에 고독하다는 것인지. 시인은 "고독"을 "외로움"과 동일시하고 있는 것 같다.

> 내 몸이 벌집투성이라는 걸
> 내 삶이 흠집투성이라는 걸
> 눈물도 끝내 닿지 못하는 어느 강가에서
> 아무도 위대한 여름을 기억해 내지 못한다는 걸
> 지난여름 무성했던 소문으로만 들리던 새들의 목소리
> 더 이상 들리지 않는다는 걸
> 붉은 피를 쏟아낼 때마다 다시는 기억할 수 없다는 걸
> 한 줌 햇빛으로 밖에 되돌릴 수 없는 나의 무덤
> 어느 강가, 호젓한 나무들의 둥그스름한 어깨 위로
> 그들만의 비밀스러운 언어가 가을 위를 난무하고
> 표백된 말의 뿌리들이 거대한 산맥을 이루면
> 올 겨울만큼은 더 이상 산다는 것에 대해
> 이유를 묻지 않기로 했다.
> ―〈나무들·9 ―어느 강가에서〉

허갑순의 시에서 애매모호한 표현을 자주 만난다. 그것은 시인이 의도한 것일 수도 있다.

현대시의 주요한 성격으로 대두되고 있는 애매모호성을 적절히 활용하면 다의적인 해석을 유도할 수 있으며, 그로 인한 내포적 의미를 확대할 수 있을 것이다. 위의 시 〈나무들·9 -어느 강가에서〉에서는 "내 몸", "내 삶"이라고 하는 주체가 무엇인가부터 확실히 할 필요가 있다.

"나무의 몸"이요 "나무의 삶"이라고 한다면 위의 나무들은 벌집투성이이며 흠집투성이인 수난의 나무들로서 살아 있다고 할 수도 없는 불행한 나무들인 것이다. 그러나 시인은 나무를 내세워 자신의 상처와 흠집을 표현하려고 하였을 뿐 전후의 문맥상에 그 사후 처리와 이유는 드러내지 않았다. 그러므로 독자는 문맥의 분위기만을 즐기면 된다.

그 이하의 화자는 나무와 동일체. 그러므로 "한 줌 햇빛으로 밖에 되돌릴 수 없는 나의 무덤"에서의 "나" 역시 나무라고 해야 할 것인가?. 그러나 반드시 나무라고 확정할 수는 없다. 독자들은 각자의 상상력에 따라서 달리 해석해도 좋을 것이다. 그리고 이것이 애매모호성이 노리는 즐거움이다.

(3) 목이 마른 나무

목이 마른 나무란 무엇인가를 소망하고 있는 나무다. 나무들이 목이 마르다면 그 나무들은 아무 생각 없이 서 있는 나무들이 아니다. 버릴 수 없는 꿈이 있으며 그 꿈을 위해 가야 할 길을 가진 나무들이다. 나무가 열매를 맺는 것도 소망을 이루는 것이요. 무성한 잎으로 펄럭이는 것도 나무가 가고자 하는 길을 가고 있다는 말이 된다. 욕망이 없다는 것과 꿈이 없다는 것은 다르다. 마음을 비운다는 것과 이상을 버린다는 말도 다르다.

> 살아 숨 쉬는 화석이라고 불러주세요
> 내공이 깊어 저절로 상처를 아물게도 하는
> 마술 따위는 안중에도 없지요
> 자연의 선물인 나는 가장 빛나는 이마를
> 푸른 숲 속에 감춰두고 젊은이처럼
> 방황하고 달뜨기도 하지요
> 사랑의 묘약을 만들기도 하고
> 꿈들이 부서지지 않게
> 희망으로 감싸기도 하지요
> 거친 숨을 부드럽게 고르기도 하고
> 천둥 번개를 길들이기도 하지만
> 깜깜한 밤에 이정표가 되기 위해
> 나는 여기 우뚝 서 있겠어요.
> —〈나무들·11-이정표〉

　가야 할 길이 있는 사람들에게, 그 길이 어둡고 멀고 험할 때, 이정표는 위로가 되기도 하고 꺾이려는 용기를 불러일으켜 주기도 한다. 〈나무들·11-이정표〉에서는 "가장 빛나는 이마를/푸른 숲 속에 감춰"두고, "꿈들이 부서지지 않게/희망으로 감싸기도"하며, "거친 숨을 부드럽게 고르기도 하고/천둥 번개를 길들이기도"하겠다는 꿈을 피력한다.

나무가 이정표를 따라서 걷는 것이 아니라, 타자—다른 길손—들의 여정을 위한 이정표가 되겠다는 것이다. 자신을 "살아 숨 쉬는 화석"이라고 지칭하면서 "깜깜한 밤에 이정표가 되기 위해/우뚝 서 있겠"다는 나무의 음성은 우렁차다. 사실, 이정표가 되려는 것, 그것 자체가 훌륭한 나무의 꿈이요, 이상이 아니겠는가. 그것은 스승이 되어 안내하겠다는 말도 되며, 힘들고 외로운 자들을 위하여 치유하는 자가 되겠다는 말도 되는 것이다.

허갑순의 시들은 긍정으로 넘친다. 그는 어떤 상황에서도 절망하지 않는다. 그는 불타버릴지언정 꺼지지 않는 집념으로 최선이 무너지면 그 앞에는 그를 능가할 차선책이 기다리고 있다는 것을 믿는다. 실제로 허갑순 시인은 여러 번 부화를 거듭하면서 성장해 왔다.

흉물스럽게 굳어진 겨울나무가 봄을 믿고 안간힘을 쏟아내듯이 진저리치고 환호하면서 애벌레에서 날개를 달고 몇 번씩 거듭 날아오르기까지 부화와 소생의 길을 개척해 온 것이다.

시를 쓰는 일은 그의 인생 여정에서 값있고 보람이 있는 일로 남기 바란다. 나무들 곁에서 나무의 마음으로 살고 생각하는 시인, 허갑순. 의연히 서서 푸른 잎을 나부끼는 한 그루 나무와 같은 시인 허갑순에게 박수를 보낸다.

우리시대 이향아의 시읽기

인쇄 2018년 11월 26일
발행 2018년 11월 30일

지은이 이향아
발행인 서정환
펴낸곳 수필과비평사
주소 서울특별시 종로구 삼일대로 32길 36(익선동, 윤현신화타워) 305호
전화 (02) 3675-3885 (063) 275-4000, 252-5633
팩스 (063) 274-3131
이메일 sina321@hanmail.net
출판등록 제465-1984-000004호
인쇄·제본 신아출판사

저작권자 ⓒ 2018, 이향아
이 책의 저작권은 저자에게 있습니다. 서면에의한 저자의 허락없이 내용의 일부를 인용하거나 발췌하는것을 금합니다.
COPYRIGHT ⓒ 2018, by Lee Hyang Ah
All right reserved including the rights of reproduction in whole or in part in any form.
저자와 협의, 인지는 생략합니다.
잘못된 책은 바꿔 드립니다.

ISBN 979-11-5933-194-7 03800
값 12,000 원

> 「이 도서의 국립중앙도서관 출판예정도서목록(CIP)은 서지정보유통지원시스템 홈페이지 (http://seoji.nl.go.kr)와 국가자료공동목록시스템(http://www.nl.go.kr/kolisnet)에서 이용하실 수 있습니다.(CIP제어번호: 2018039076)」

Printed in KOREA